Soft Skills

APRENDER
COACHING

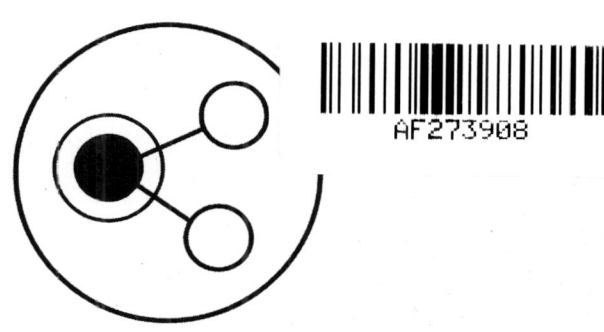

AF273908

Todo lo que necesitas saber sobre el coaching de forma clara, amena y útil

CÉSAR PIQUERAS

PROFIT
editorial

Todos los derechos reservados

© César Piqueras, 2024
© Profit Editorial I., S.L., 2024

Diseño de cubierta: XicArt
Maquetación: www.freiredisseny.com

ISBN: 978-84-19841-86-5
Depósito legal: B 15-2024
Primera edición: Abril de 2024

Impresión: Gráficas Rey
Impreso en España / *Printed in Spain*

Índice

ICONOS USADOS EN ESTE LIBRO

 Listas. Con la información sintetizada y ordenada.

 Sugerencias, ideas, ejemplos ...

 Este icono señala en el texto un ejercicio o práctica.

 Soluciones o estrategias casi mágicas.

 Herramientas para mejorar sus habilidades.

 Define con precisión un concepto clave del libro.

 Ejemplos de diálogos entre el coach y su cliente.

01

————

El arte de ayudar
a crecer

«Ayudar a crecer es un arte,
algo que se puede aprender y
que sin ninguna duda tiene
múltiples beneficios.»

Durante los últimos diez años me he dedicado de manera profesional al coaching y al desarrollo de los demás mediante distintas metodologías, todas ellas destinadas a provocar un cambio, a hacer que otras personas fueran mejores incluso de lo que ellos mismos se creían capaces. En este tiempo he visto crecer y evolucionar el mercado del coaching, que es dinámico y expansivo, con límites poco definidos en algunos casos pero también lleno de oportunidades. Más de 50.000 personas ejercen como coaches en todo el mundo, y la profesión ya está consolidada en muchos lugares.

 Ayudar a crecer es un arte, algo que se puede aprender y que sin ninguna duda supone múltiples beneficios. El más importante quizá sea la recompensa que supone saber que se está haciendo algo significativo por los demás.

En el 2008 escribí mi primer libro sobre coaching, *El jardinero en la empresa* (Profit Editorial, 2009), donde hablo del coaching como método para que los líderes puedan desarrollar personas dentro de las organizaciones. Ha sido un libro de referencia para los coaches de habla hispana. Desde entonces he ayudado a muchas organizaciones y muchos líderes a implantar el coaching como un método para mejorar el desempeño en sus empresas.

Como el método del coaching me apasiona, y además sé que hay muchas herramientas que nos pueden ayudar a conseguir nuestros objetivos de manera más eficiente, en 2012 escribí *Evitando el autosabotaje* (Amat Editorial, 2013), una guía completa para lograr todo aquello que nos propongamos. Los coaches que lo han leído lo consideran útil para su trabajo, pues les ayuda a comprender el proceso de consecución de objetivos, y eso les ayuda, a su vez, a comprender a sus clientes y a ofrecerles guías para la acción.

En fechas recientes escribí *Coaching de equipos* (Profit Editorial, 2014) junto con mi amigo y socio Enric Arola. Se trata de una guía completa que se ha convertido en un referente del coaching, ya que analiza en detalle el método de coaching de equipos, una tendencia en alza.

Quizás el coaching sea uno de los asuntos que más me apasionan: lo realizo cada semana con mis clientes, tanto si son ejecutivos como si se trata de equipos; imparto conferencias al respecto, y también, como en este caso, escribo libros o artículos en mi blog. Aun así, todos los días descubro que el coaching no es tan fácil, que las formulas mágicas no están hechas para esta disciplina, y que un buen coach debe mejorar continuamente para ser cada vez más competente en esta profesión.

Hace tiempo que siento la necesidad de escribir un manual claro y práctico, un libro que se pueda leer en poco tiempo y que oriente al lector para saber lo qué es el coaching, lo que hace el coach y cómo lo hace, y a disponer de algunas herramientas prácticas que le ayuden si quiere iniciarse en esta profesión.

Como verás a lo largo del libro, he tratado de ser breve, sin circunloquios e ir al grano al hablar de lo que es importante para ti, de lo que debes saber sobre el coaching. Tanto si estás iniciándote en este campo como si llevas unos años de rodaje, lo que leerás en este libro te servirá de guía y será un compendio de lo que hace falta saber, desde mi humilde entender y experiencia en coaching. También he tratado de expresarme con un lenguaje sencillo y claro. Me gustaría puntualizar que, cuando hablo de «el coach», me refiero a ambos géneros, tanto masculino como femenino.

Estoy convencido de que todos tenemos la capacidad de conseguir ambiciosas metas y retos. Tal vez por este motivo llegué a la profesión de coaching. Si este libro ha llegado a tus manos es porque estás decidido a algo. Cabe la posibilidad de que todavía no tengas claro en qué consiste ese algo, pero confías en que su lectura arroje un poco de luz sobre tu conciencia para que se hagan visibles nuevos senderos, nuevos caminos que recorrer.

Confío en que sepas sacar partido del contenido de este libro que he tratado de escribir con mucho cariño y dedicación. Espero sinceramente que te sea de ayuda. Por supuesto, estás invitado a contactar conmigo, interactuar y preguntar todo aquello que desees a través de las redes sociales, mi blog (www.cesarpiqueras.com) o por e-mail. También quedo a tu disposición si quieres que establezcamos algún tipo de colaboración.

Mis mejores deseos,

César Piqueras Gómez de Albacete

excelitas@excelitas.es
@cesarpiqueras

02

Qué es (y qué no es) el coaching

«Con la ayuda del coach, las personas se orientan a sí mismas hacia la consecución de sus objetivos.»

La palabra coaching se ha generalizado y ha tenido una amplia difusión en los últimos años. Miles de personas se forman todos los años como coaches y deciden dar un paso adelante para introducirse en esta profesión. Se cuentan por miles las empresas que recurren a los servicios de los coaches para mejorar sus resultados. También los utilizan otras personas para mejorar sus vidas. El coaching es, sin duda, un término de moda. Basta con buscar la palabra coach en Google: aparecerán en pantalla todo tipo de artículos, vídeos y personas. Sin embargo, antes de introducirnos de lleno en el coaching, conviene diferenciar entre lo que es coaching y lo que no lo es.

Trataremos de dar una definición simple y sencilla:

> El coaching es un método para ayudar a las personas a conseguir aquello que quieren. Con la ayuda del coach, las personas se orientan a sí mismas hacia la consecución de sus objetivos.

Una definición más exacta es la que ofrece la *International Coaching Federation* (ICF), la mayor asociación de coaches a nivel mundial:

> El coaching profesional consiste en una relación profesional continuada que ayuda a obtener resultados extraordinarios en la vida, profesión, empresa o negocios de las personas. Mediante el proceso de coaching, el cliente profundiza en su conocimiento, aumenta su rendimiento y mejora su calidad de vida.

En cada sesión, el cliente elige el tema de conversación mientras el coach escucha y contribuye con observaciones y preguntas. Este método interactivo crea transparencia y motiva al cliente para actuar. El coaching acelera el avance de los objetivos del cliente, al proporcionar mayor enfoque y conciencia de sus posibilidades de elección. El coaching toma como punto de partida la situación actual del cliente y se centra en aquello que el cliente esté dispuesto a hacer para llegar a donde le gustaría estar en el futuro, siendo conscientes de que todo resultado depende de las intenciones, elecciones y acciones del cliente, respaldadas por el esfuerzo del coach y de .a aplicación del método de coaching.

Para entencer mejor qué es el coaching podemos valernos de la metáfora del puente. Todos nos encontramos en momentos (personales o profesionales) en los que nos gustaría avanzar porque tenemos nuevos retos, objetivos o simplemente porque estamos bloqueados y queremos salir de determinada situación en la que sabemos que estamos perdiendo potencial. Imaginemos que el coaching es como la construcción de un puente, y como todo puente tiene:

- **La situación inicial.** Nuestro punto de partida es el lugar donde empieza el puente o situación inicial de un proceso de coaching.

- **La situación final.** Sabemos (o, por lo menos, intuimos) adónde nos gustaría llegar, cómo nos gustaría sentirnos y qué nos gustaría conseguir. Esa situación deseada es el final del puente, o incluso nuestras expectativas acerca del proceso de coaching.

- **El camino para llegar de una a otra situación.** Para llegar desde el lugar inicial al final hace falta construir el puente. Cliente y coach trabajarán juntos para construirlo y hacer que el cliente consiga sus objetivos.

Este puente se construirá descubriendo y potenciando las capacidades del cliente o **coachee** (el nombre que recibe la persona que recibe un proceso de coaching), identificando y superando obstáculos, y generando recursos, habilidades y actitudes ante su propio desarrollo.

El coach es un especialista en sacar lo mejor de su cliente sin necesidad de decirle lo que tiene que hacer, aconsejarle o enseñarle cómo lo tiene que hacer. En realidad, quienes se dedican al coaching provienen de experiencias y contextos profesionales muy variados, desde los directivos sénior con gran experiencia en entornos organizacionales hasta personas que carecen de ella, pasando por psicólogos que trabajan con empresas, profesionales retirados y otro tipo de personas que en un momento determinado de sus vidas decidieron dedicarse al desarrollo de personas.

Hoy día el coaching se ha generalizado. Muchas grandes empresas lo utilizan para aprovechar el potencial de sus directivos. Muchos profesionales contratan los servicios de un coach para realizar cambios en sus carreras profesionales o superar los retos a los que deben enfrentarse. El coaching debe estar al servicio del cliente, siempre y cuando se actúe dentro de los códigos éticos de la profesión, que se pueden consultar en la página web de cualquier asociación de coaching y detallaremos en este libro.

Si el coaching está consolidado como una profesión y un método efectivo para desarrollar a las personas es porque, durante estos años, las asociaciones y las personas que nos dedicamos a ello hemos acotado el término y defendido lo que es y lo que no es coaching. Sin embargo, esto no impide que algunos profesionales realicen malas prácticas o que los medios de comunicación con su poder de influencia sobre la conciencia social confundan en ocasiones el término.

Lo que no es *coaching*:

- **Formación.** En toda formación (sea del tipo que sea) se le transmite un conocimiento al alumno, ya sea mediante libros, clases magistrales, dinámicas de grupo o reflexiones. Es cierto que hay dos tipos de formación, una más directiva y otra más participativa y basada en la experiencia. En cualquier caso, el profesor sabe lo que hay que hacer, y conoce las buenas prácticas, los consejos y teorías subyacentes para transferirle conocimiento al alumno.

- **Mentoring.** El *mentoring* es un método muy efectivo para desarrollar a las personas, pero no es coaching. El mentor conoce el campo de *expertise* del pupilo o *mentee*, y puede dar consejo, ayudar a reflexionar y tutorizar o servir de guía sobre su desarrollo. Aunque el *mentoring* ha evolucionado y ya no es un estilo más directivo sino que se parece al coaching (por su carácter reflexivo y por implicar al *mentee*), las expectativas del *mentoring* consisten en que el mentor tutorice, guíe y oriente al *mentee*.

- **Consultoría.** Los consultores son expertos en el área de mejora, y por lo tanto pueden ofrecer un análisis fiable de la situación, así como un plan de mejora fruto de su experiencia, sus teorías, sus tecnologías u otros campos. La consultoría no es coaching (aunque muchos consultores hayan enriquecido sus métodos con técnicas de coaching).

- **Counselling.** En el *counselling*, al igual que en el *mentoring*, hay un experto en algo (relaciones de pareja, negocios o carrera profesional, por ejemplo) que aconseja y orienta a otra persona sobre el camino que debe seguir. Por este motivo no es coaching.

- **Terapia.** En el ámbito de la psicología hay multitud de corrientes terapéuticas que ayudan a las personas a superar problemas o a vivir mejor. Las corrientes más psicodinámicas se centran en el pasado, en la historia del paciente (que no cliente) y en cómo esa historia condiciona su presente. Las corrientes más conductistas se centran en lo que el paciente debe hacer para mejorar su vida, ofrecen consejo y asesoramiento claro y concreto. Existen también corrientes y terapias humanistas, que comparten algunos de los principios del coaching, y de los que a buen seguro este ha tomado conocimientos y buenas prácticas. Sin embargo, la principal diferencia entre el coaching y estas corrientes es que los coaches no trabajamos (ni estamos capacitados para hacerlo) con los problemas habituales que llevarían a un paciente a terapia.

Nuestro campo de *expertise* no es la psicología, ni el sanar a las personas, sino más bien ayudar a personas que ya están sanas, se saben maduras e identifican cómo quieren sentirse a conseguir más plenitud en sus vidas personales o profesionales.

También es cierto que la realidad nos demuestra que muchos profesionales del mundo del coaching llevan a cabo más de una de estas actividades (formación, consultoría o terapia), debido al *background* existente entre sus actividades profesionales. Esto no acarrea ningún inconveniente, siempre que los clientes y el profesional sepan diferenciar y se les haya informado de manera explícita acerca del método que se está utilizando, sus limitaciones, ventajas e inconvenientes. Esta falta de claridad podría comportar en muchos casos que los clientes confundan el coaching con otras metodologías de desarrollo. Por este motivo, las asociaciones de coaching deben velar constantemente por la profesión.

03

———

Cómo se regula
el coaching

«El coach apela constantemente a
su cliente y fomenta el uso de
nuevos comportamientos y
acciones que lo lleven a obtener
resultados diferentes.»

El coaching no es una profesión regulada por planes de estudios oficiales. No existe ninguna carrera universitaria que capacite para ser coach, y ningún gobierno establece los requisitos que debe reunir alguien a quien quiera considerarse un coach.

Aunque esto podría cambiar en un futuro, en la actualidad el coaching está regulado a través de las asociaciones de coaching, formadas por coaches profesionales. La más importante de ellas es la ICF (*International Coaching Federation*), aunque también existen otras en los ámbitos europeo (la IA o o la EMCC), estatal (AECOP, en España) o dependiendo del tipo de coaching en particular (ejecutivo o deportivo).

Entrada a la página web de la *International Coaching Federation*

Las asociaciones tienen un código ético al cual se adhieren los coaches para poder formar parte de ellas. También se ocupan sobre todo de certificar los cursos de formación sobre coaching que son válidos, para aspirar a ser un coach certificado en el futuro.

Al no ser una profesión regulada oficialmente, uno puede ponerse la etiqueta de coach después de haber realizado un curso de fin de semana y sin tener que darle ninguna explicación a nadie. Mucha gente hace esto. Sin embargo, los clientes son cada día más conscientes de la necesidad de contratar coaches fiables. Las asociaciones quieren defender la profesión y regularla cada vez más para fomentar la credibilidad, el rigor y la ética. Por eso han creado las certificaciones o acreditaciones sobre coaching. Esto significa que si alguien quiere que lo reconozcan como coach debe de estar acreditado o certificado. El no estar certificado equivale a conducir un coche aunque no se disponga de carné de conducir.

La certificación no siempre garantiza que un coach será extraordinario y satisfará las expectativas de sus clientes, al igual que no todos los poseedores de carné de conducir son conductores extraordinarios. Sin embargo, lo cierto es que le otorga mayor credibilidad y le hace aumentar su nivel de competencia en coaching, así como su responsabilidad por defender la profesión y la ética.

La ICF tiene tres niveles de acreditación o certificación para los coaches, dependiendo de su nivel de experiencia y formación (para más detalles, véase www.coachfederation.org). Otras asociaciones tienen niveles equivalentes. Los requisitos para certificarse son parecidos en casi todos los casos: haber realizado un programa de formación certificado con un número mínimo de horas (que suelen ser 125), acreditar un número suficiente de horas de experiencia en coaching (100 para las más básicas y 2.500 para las certificaciones más avanzadas), el aval o la garantía de que se ha sido coachee en un proceso de coaching, un examen de las competencias en coaching, sesiones de coaching grabadas en audio para su comprobación y referencias suficientes entre otros requisitos.

De todo esto hay que inferir que, en un mercado tan cre-
ciente como el del coaching, al que mucha gente quiere acceder
todos los años, es necesario mantener la credibilidad, reputación
y rigor de la profesión. Esta tarea nos concierne a todos: los que
ya estamos dentro de este mercado y los que quieran formar
parte de él.

04

——

Qué hace un coach

- -

«El coach fomenta el uso de
nuevos comportamientos y
acciones que ayuden a su cliente a
obtener resultados diferentes.»

- -

La función de un coach es que los demás obtengan resultados. Para ello se orienta constantemente a las necesidades de sus clientes, y trata de que estos encuentren el camino más efectivo para satisfacerlas.

Para conseguirlo pondrá en práctica diferentes estrategias, habilidades y actitudes que poco a poco se traducirán en los cambios que desea el cliente.

Aunque más adelante profundizaremos en estos aspectos, podemos decir que un coach:

- Comprende a su cliente, entiende sus necesidades y consigue que estas sean explícitas, es decir, que se expresen claramente y sin rodeos .
- Genera un clima de confianza en el cual se pueda producir un cambio.
- Ayuda a su cliente a contactar con su parte más auténtica, con sus necesidades genuinas y deseos que redundarán de manera beneficiosa en su vida, tanto en el ámbito profesional como en el personal.
- Fomenta el autoconocimiento de su cliente.
- Ayuda a identificar objetivos y áreas de mejora en su cliente.
- Apoya constantemente a su cliente y fomenta el uso de nuevos comportamientos y acciones que lo lleven a obtener resultados diferentes.
- Es curioso y atrevido para fomentar un cambio en su cliente. Para ello, recurre a su intuición siempre que la considere útil para el cliente.
- Promueve la acción en su cliente a través de compromisos consigo mismo.
- Promueve la experimentación a través de nuevas acciones, ideas o reflexiones.
- Fomenta la reflexión y la toma de conciencia a través de preguntas poderosas.
- Anima a su cliente a la expresión de sentimientos y percepciones.
- Ayuda a identificar dificultades y obstáculos al rendimiento.
- Promueve la creación de recursos, habilidades y actitudes para superar las dificultades.

- Desafía las percepciones de su cliente cuando identifica puntos ciegos o creencias limitantes.
- Monitoriza junto con su cliente su avance en el plan de acción.
- Crea junto con su cliente planes de contingencia en el plan de acción cuando el avance o los resultados no son los esperados.
- Enfoca a su cliente en lo que realmente es importante para éste, sin titubeos innecesarios.
- Identifica y celebra los éxitos que su cliente ha alcanzado.

Crear conciencia

De una forma mucho más gráfica podemos decir que el coaching crea conciencia, consigue que las personas sean más conscientes sobre sí mismos, sobre su situación particular y sobre las opciones de que disponen para lograr sus objetivos.

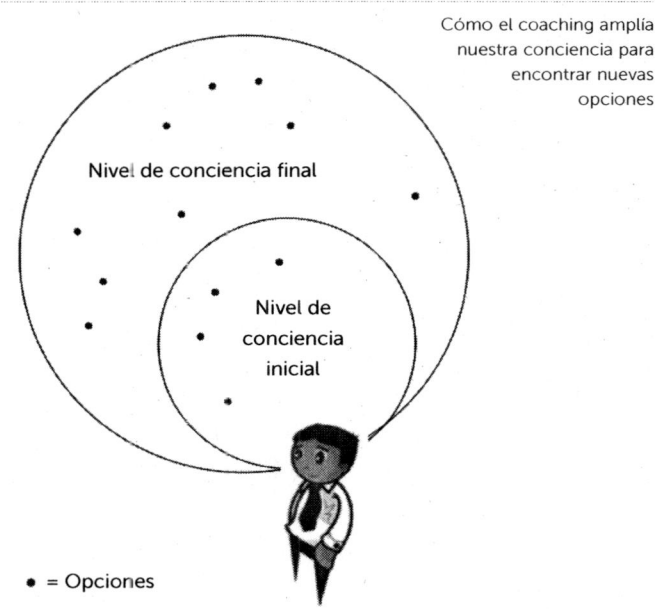

Cómo el coaching amplía nuestra conciencia para encontrar nuevas opciones

Nivel de conciencia final

Nivel de conciencia inicial

• = Opciones

Las personas que buscan recibir un proceso de coaching tienen una percepción inicial sobre una situación, pero buscan ampliarla, de manera consciente o inconsciente, para encontrar nuevas opciones. El proceso de coaching es una transformación, un camino en el que se crea mayor conciencia en las personas, lo que a su vez permite crear nuevas opciones. Es como si el coaching se ocupara de encontrar nuevas soluciones y opciones en lugares en los que aún no habíamos buscado.

05

—

Los tipos de coaching

«En ocasiones el cliente busca un asesor, un consultor o un formador, pero no un coach.»

Existen muchos posibles enfoques del coaching, dependiendo de la persona que lo ejerza, su rol y el colectivo al que esté destinado.

Una **primera categorización** nos habla del **número de receptores** del coaching, que puede ser individual o pensado para un equipo. Los coaches suelen trabajar con uno o varios clientes individuales, aunque estos formen parte de una organización. Sin embargo, cada vez más se ha extendido el coaching de equipos, que se imparte a personas que trabajan juntas con un fin común. No hay que confundir este tipo de coaching con la formación, el *teambuilding* o cohesión de equipos. Más adelante veremos este método con algo más de detalle.

Dependiendo de sus **destinatarios**, el coaching puede dirigirse a una empresa, una organización deportiva, una asociación, un colectivo determinado de personas, o una persona normal. El coaching tiene cada vez más demanda y penetración en el mercado. Es habitual ver coaches especializados en determinados sectores: alta dirección de empresas, equipos de ventas, personas que se han marcado retos deportivos, escritores, mujeres embarazadas...

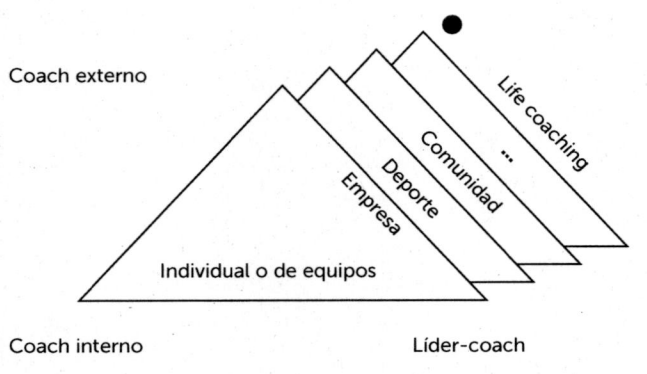

Los tipos de coaching expresados de forma gráfica

Hay un lugar para el coaching allá donde haya una oportunidad de crecimiento y desarrollo, y una persona o equipo con madurez y responsabilidad.

Sin embargo, hay que tener cuidado con la especialización del coach, ya que el hecho de que este conozca al detalle el campo de actuación del cliente no siempre facilita las cosas; es más, puede dificultar el proceso de coaching porque el coach podría introducir una guía, consejo o asesoramiento en las sesiones. Y eso no es coaching.

También es cierto que muchos clientes no tienen muy claro qué es el coaching, y piensan que nadie los podrá ayudar mejor que alguien que haya tenido los mismos problemas, dificultades y retos que ella. Al haberlas superado está capacitado para guiarlo y tutelarlo en esa superación. Esto es difícil de evitar. Si esto ocurre, el coach debe gestionar la situación, y dejar clara, en el momento previo a la contratación y durante las sesiones, la diferencia entre el coaching y otros métodos. En ocasiones, el cliente no busca un coach, sino un asesor, un consultor o un formador.

Otra categorización se basa en si el coach **forma parte** o no del sistema al que hace coaching. Puede ser externo a la organización o sistema y, por lo tanto, actuar como un agente independiente que acompañe a una o varias personas (o a un equipo) hacia la mejora durante un tiempo determinado. La ventaja principal de este coaching externo es que el coach no forma parte del sistema de referencia del cliente. Por lo tanto, el coachee o coachees está mejor predispuesto hacia el coach, así como una menor posibilidad de guiar el proceso en una dirección determinada.

Si el coach forma parte del sistema, nos encontramos con dos figuras:

- **El coach interno.** Muchas empresas optan por formar a personas dentro de su organización para que sean coaches de esta a tiempo parcial o completo: es el llamado coach interno. Por ejemplo, IBM tiene unos 30 coaches en plantilla. En una conocida empresa del sector automovilístico hay varios coaches que llevan a cabo procesos de coaching con directivos y puestos de responsabilidad por toda Europa. En las empresas de menor tamaño, los coaches internos desarrollan su labor a tiempo parcial, y conjugan estas funciones con otras relativas a desarrollo, formación o recursos humanos.

- Hay además una figura que está emergiendo a medida que los estilos de liderazgo de las organizaciones se orientan al desarrollo del talento de las personas: el **líder-coach**. Los estilos de liderazgo han evolucionado desde lo autocrático hasta lo democrático. En los últimos tiempos potencian sobre todo las capacidades de los colaboradores (aunque un buen líder tiene que saber conjugarlos todos y utilizarlos según la situación a la que se enfrente). El líder-coach es un líder que ha enriquecido su estilo de liderazgo con las habilidades, la técnica y la actitud del coach.

  El líder-coach sitúa a los miembros del equipo en zona de aprendizaje y hace que reflexionen sobre su forma de funcionar, lo que potencia la mejora constantemente y ofrece posibilidades de desarrollo. Sin guiar ni autorizar ni tener demasiado protagonismo, el líder-coach consigue que las personas se comprometan y mejoren por sí mismas. No es un coach propiamente dicho, porque no puede dejar de ser líder. Este estilo es, pues, fruto de un *mix* entre dos figuras.

  Cada vez es más habitual que muchos líderes reciban seminarios de coaching y muchas empresas se plantean evolucionar hacia estilos de liderazgo orientados al desarrollo de personas, lo cual tiene un efecto muy potenciador.

Podríamos incluso establecer **otra categorización** relacionada con el **medio** en el que se desenvuelve el coaching: presencial, telefónico o por videoconferencia. Hay quien habla del coaching por e-mail, pero no es efectivo, ya que no se basa en lo fenomenológico (lo que está ocurriendo aquí y ahora). Si el coaching se pudiera hacer por e-mail no haría falta un coach, bastaría con un ordenador.

06

Las premisas del coaching

«El coach debe ser garante de la confidencialidad, y asegurar a su cliente el cumplimiento de ésta.»

Aquellos que saben de edificación son conscientes de que la clave para que una obra esté bien construida y resista el paso de los años, las inclemencias climatológicas y a las catástrofes naturales es la estructura. Los pilares del edificio son la clave.

Si queremos que el coaching sea efectivo para nuestros clientes debemos adoptar algunas premisas de suma importancia, algunos principios fundamentales, como si de los pilares de un edificio se tratara. Estos aseguran unos resultados óptimos del coaching.

 Las premisas más importantes del coaching son:

Confidencialidad

En los procesos de coaching, las personas hablan sobre lo que más les importa o interesa, sobre conflictos con otras personas, dificultades financieras o ventajas competitivas que deben permanecer en secreto, e incluso revelan datos o información muy sensible que no podría ni debería bajo ningún concepto salir a la luz. El coach debe ser el garante de esa confidencialidad, y asegurarle a su cliente el cumplimiento de esta. De este modo, el proceso de coaching le permitirá al cliente hablar con total libertad de su problemática, situación u objetivos sin miedo a que haya fugas de información. El comportamiento del coach y los acuerdos informales con el cliente deben garantizar la confidencialidad, pero además conviene entregarle al cliente una carta firmada en la que se asegure que todo cuanto se hable en el coaching es confidencial.

Si el coach no lo contrata el coachee, sino los responsables de la empresa, hay que delimitar de manera muy clara hasta dónde llegará la confidencialidad, así como informar a todas las partes acerca de lo que el coach puede decir sobre su coachee y el proceso de coaching. Garantizar la confidencialidad al coachee es fundamental para el buen desarrollo del proceso de coaching. Si otras partes nos solicitaran información sobre lo ocurrido en las sesiones o cualquier otro detalle, en primer lugar deberíamos recordarle los acuerdos aceptados por todas las partes y, en segundo lugar, emplazarlas a solicitarle esos detalles directamente al coachee.

El cliente es capaz y creativo

Esta premisa es la clave para que otras personas consigan resultados. Si el coach considera completamente capaz a la persona que tiene delante, no tenderá a dar soluciones, ofrecer consejo o a guiar en una dirección determinada. Sin embargo, esta premisa es muy difícil de llevar a cabo, sobre todo por quienes comienzan a formarse en materia de coaching. Cuando nos preguntan, tendemos a dar consejo, aportar ideas y asesoramiento a quienes nos rodean. Esta costumbre, fuertemente anclada y típica del ser humano, suele ser difícil de evitar.

Por lo tanto, uno de los trabajos más importantes de un coach es acostumbrarse a considerar a su cliente una persona completa, con los recursos necesarios para hacer frente a sus propias responsabilidades y, por lo tanto, solucionar sus preocupaciones, miedos o conflictos. Las preguntas son la herramienta más importante del coach (como veremos más adelante). Si consideramos que el cliente es capaz y creativo, no intentaremos dar ninguna respuesta ni ofrecer soluciones a los clientes. Valiéndonos tan solo de nuestro silencio, podremos ayudarlo a reflexionar y profundizar en sí mismo para que encuentre las soluciones.

El coach tiene que considerar a su cliente capaz. Con ello lo capacita y le permite expresar una versión de sí mismo diferente de la que muestra habitualmente.

El coach debe creer en su cliente, considerarlo una persona creativa, con posibilidad de generar nuevas opciones, ideas y acciones para lograr sus objetivos.

No hay fracaso, solo *feedback*

Una premisa muy útil es saber que no existen los fracasos, que en realidad, todos aprendemos gracias a los pequeños o grandes "errores", que nos dan la información necesaria para hacerlo mejor la próxima vez. Esto es lo que llamamos *feedback*. Y gracias al *feedback* del coach, el cliente podrá mejorar su manera de hacer, de experimentar y de solucionar, con lo que obtendrá mejores resultados en sus objetivos.

07

La actitud del coach

«La comprensión hace que el cliente se pueda sentir cómodo para profundizar en su realidad y encontrar nuevas soluciones.»

Si pudiéramos analizar a fondo el trabajo de un buen coach, deberíamos valorar las tres dimensiones que definen a un buen profesional. Las tres son necesarias y debe haber un equilibrio entre ellas.

- **Conocimientos:** Lo que sabe el coach. Se basa en su experiencia y en lo que ha leído, conocido y aprendido con el paso del tiempo. Forma parte de lo que hay en la memoria de su "disco duro" interno. Para comprobar de qué conocimientos dispone un coach nos bastaría con hacerle un examen oral u escrito.

- **Habilidades:** Lo que hace y cómo lo hace. Las habilidades se aprenden mediante la práctica, y se pueden observar desde el exterior. Gracias a ellas comprobamos que alguien atesora una habilidad. En los siguientes capítulos hablaremos de las habilidades más importantes para un coach.

- **Actitudes:** Es nuestra predisposición frente a algún hecho. Es nuestro estado de ánimo, *mindset*, o forma de estar y sentirnos mientras hacemos nuestro trabajo. La actitud es clave para el coach. Es una dimensión fundamental, pues de ella depende en gran medida la efectividad del coaching.

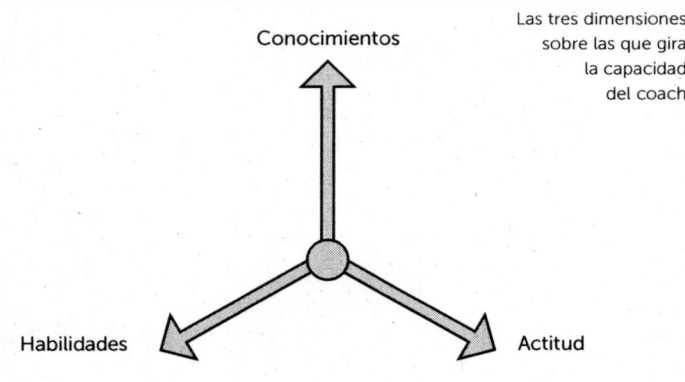

Conocimientos

Las tres dimensiones sobre las que gira la capacidad del coach

Habilidades

Actitud

Estos tres ejes son fundamentales: de nada nos sirve tener muchos conocimientos si no disponemos de las habilidades o la actitud necesaria. Tampoco servirá tener muchas habilidades si nos faltan conocimientos. El más poderoso de estos ejes es la actitud, ya que es lo más difícil de adquirir o cambiar. Una persona con una buena actitud, como la que veremos a continuación, aprenderá los conocimientos y habilidades necesarios para ser un buen coach. Sin embargo, es más difícil que lo logre una persona con conocimientos y habilidades para ser coach, pero sin la actitud necesaria.

Aceptación

La actitud de aceptación es clave en coaching. Sin ella, el cliente no podría confiar en su coach ni sentir que puede depositar en él sus vivencias, deseos y objetivos. La actitud del coach debe ser de aceptación incondicional de su cliente, sin juzgar lo que dice o hace. Tiene que aceptar la realidad de su cliente, así como su forma de ver el mundo y su propia experiencia.

Si el coach no dispone de esta actitud de aceptación, sus clientes se sentirán:

- **Incómodos:** Porque cuando no nos sentimos aceptados por la persona con la que hablamos, se genera en nosotros un sentimiento negativo relacionado con la ansiedad.

- **Culpables:** Porque al sentir que los demás no aceptan nuestras vivencias, experiencias y formas de ver el mundo pensamos que estamos haciendo algo mal, lo que genera un sentimiento de culpa.

Por lo tanto, un coach que no tenga esta actitud conseguirá que sus clientes se alejen y terminen el proceso antes de lo esperado. La aceptación está relacionada con la capacidad de darle un espacio al otro para "ser". En este espacio, el otro puede expresar cómo se siente, lo que está viviendo y lo que necesita, sin sentirse juzgado. En ocasiones, los coaches recién iniciados (y otros llamados "expertos") tienden a juzgar de formas muy sutiles. La forma más fácil de juzgar a alguien es limitarse a creer que las cosas le irían mejor si actuara de otra manera. Imagina la siguiente conversación:

> **Cliente:** *La verdad es que al equipo que dirijo le falta cohesión, hay un clima enrarecido.*
> **Coach:** *¿Podrías reunirte con ellos más a menudo?*

En este diálogo hay una suposición del coach: "reunirse con el equipo más a menudo solucionaría su falta de cohesión". Esta suposición aparentemente "inocente" incluye un juicio de valor. Sin embargo está encubierto con una pregunta y, por lo tanto, no parece que sea muy perjudicial, pero muestra una actitud de "no aceptación" por parte del coach.

Este error es el más común en el coaching, y tal vez marque la mayor diferencia entre un coach profesional y alguien que no domina el método.

> Si queremos ser profesionales, tenemos que empezar a pensar en otra forma de dialogar con nuestros clientes una forma transparente de comunicar en la que, en vez de valoraciones por parte del coach, se perciban apertura, claridad y aceptación incondicional.

Ahora revisa las siguientes preguntas del coach ante la afirmación del cliente:

> **Cliente:** *La verdad es que al equipo que dirijo le falta cohesión, hay un clima enrarecido.*
> **Coach:** *¿Qué crees que está ocurriendo?*
> **Coach:** *¿Cómo te sientes con respecto a la falta de cohesión?*
> **Coach:** *¿Qué quieres hacer al respecto?*

En las preguntas que hace el coach para ayudar a que el cliente profundice en su situación no existe ningún juicio de valor sobre lo que "debe" o "no debe" hacer. Con esto ayudará a su cliente a sentirse en un clima de confianza que le facilite profundizar y descubrir soluciones y acciones con las que lograr sus objetivos.

Comprensión

Una actitud de comprensión implica empatía, ser capaces de ponernos en el lugar del cliente y comprender su vivencia de lo ocurrido, su experiencia, sus sentimientos al respecto.

Ser comprensivos es fundamental en coaching. La comprensión hace que el cliente se pueda sentir cómodo para profundizar en su realidad y encontrar nuevas soluciones. Cuando la persona que habla con el coach siente que este la comprende, se permite una exploración más profunda.

> Si no hay comprensión suficiente, no habrá un coaching de calidad ni una conversación entre dos personas, sino una conversación entre dos cerebros.

Que comprendamos a alguien no quiere decir que estemos o no de acuerdo, solo que somos capaces de ponernos en sus zapatos y sentirnos como ella, haciendo un ejercicio de empatía. Quizá no compartamos la misma opinión, o la vivamos de manera diferente, pero ahora lo importante es cómo se siente la otra persona y cuál es su experiencia.

Posibilidad

Mediante la actitud de posibilidad, el cliente podrá encontrar nuevas opciones y soluciones. Los clientes suelen sentirse bloqueados, lo cual es totalmente normal: no siempre vemos el mejor camino para conseguir nuestros objetivos, o nos sentimos bloqueados por creencias internas, condicionamientos y suposiciones. Sin embargo, el coach no debe bloquearse, sino que debe de pensar en las posibles soluciones, en el abanico de opciones que se abren ante sí y de las que su cliente no es consciente todavía.

Si el coach mantiene esta actitud, conseguirá que su cliente encuentre nuevas opciones y caminos que hasta ahora no había contemplado.

Por este motivo, una de las premisas del coaching es que el cliente es capaz y creativo. Cuando adoptamos esta actitud, a nuestro cliente le resulta más fácil encontrar otras soluciones no encontradas hasta el momento.

De una forma muy concreta, esta actitud queda patente en muchas de las preguntas que hace el coach:

Coach: *¿Qué otras opciones tienes?*
Coach: *¿Qué solución estás evitando?*
Coach: *¿Cuántas posibles acciones se te ocurren?*
Coach: *Si hubiera una solución, ¿cuál podría ser?*

Pero más allá de la concreción en las preguntas, esta actitud del coach se percibe en su predisposición hacia su cliente y en la manera en que lleva a cabo la sesión de coaching.

Paciencia

El coaching es un proceso que tiene lugar poco a poco. Los cambios se producen en la persona y, por lo tanto, requiere su tiempo y se lleva a cabo despacio. No es fácil cambiar: cuando recurrimos a un coach es porque no hemos encontrado la forma de conseguir sus objetivos y metas de forma fácil y sencilla. Nos sentimos en parte bloqueados y necesitamos el acompañamiento necesario para lograr nuestros objetivos. Por este motivo, los procesos de coaching suelen durar varios meses.

La actitud del coach será paciente, en la cual no se empuja a la persona porque no se tiene prisa. No hay que confundir este fenómeno con la actitud del coach que se acomoda y cae en la empatía completa. El coach es consciente de lo que cuesta cambiar y, por lo tanto, es paciente.

Aquí el coach se ve a sí mismo como un plantador de semillas, como un jardinero que poco a poco crea las condiciones

—

necesarias para que las personas cambien, y además conoce las leyes de la naturaleza y es paciente.

De esta forma podemos enumerar los cuatro elementos sobre los que se fundamenta la actitud del coach:

→ 1.	Aceptación	
→ 2.	Comprensión	
→ 3.	Posibilidad	
→ 4.	Paciencia	

Como acabo de señalar la actitud es clave para el coach. Y he definido la actitud como nuestra predisposición frente a algún hecho. En este ejercicio te propongo describir con tus propias palabras las características de cada uno de los elementos sobre los que se fundamenta la actitud del coach.

→ Aceptación

→ **2.**   Comprensión

→ **3.**   Posibilidad

→ **4.**   Paciencia

08

Empezando el proceso de coaching

«El mejor proceso de coaching
tiene un gran comienzo. Existen
claridad, concreción y
sinceridad por ambas partes.»

Una vez contextualizado el coaching, hablemos de lo que hace el coach para aplicar el método de coaching, qué habilidades, técnicas y herramientas utiliza para que sus clientes obtengan buenos resultados. En este capítulo y los siguientes, hablaremos de habilidades concretas y de herramientas del coach para llevar a cabo los procesos.

Como sucede con todo proceso exitoso, los momentos iniciales del coaching son claves para determinar cómo irá el proceso. Si los comienzos son lo suficientemente acertados, también lo serán los procesos.

Uno de los errores más comunes de algunos coaches estriba en no darle un buen comienzo al proceso, ya que se crean expectativas falsas, no existe la suficiente concreción y al final se produce una deriva en la que no se logran los objetivos que deseaba el cliente. Por esto es tan importante la sesión inicial o preinicial del proceso de coaching.

En la sesión inicial el cliente ya ha contratado los servicios de un coach y comienza el coaching propiamente dicho. En la sesión preinicial todavía no se han contratado los servicios de un coach, pero ya se habla de los objetivos, las expectativas y otros asuntos de interés. En este capítulo nos centraremos en los aspectos clave que conviene abordar en estas dos sesiones.

Expectativas

Es importante hablar de lo que el cliente espera del proceso de coaching y de los resultados que le gustaría obtener. Las expectativas son fundamentales, porque nos hablan de los objetivos, de lo que se pretende y desea conseguir. Ponerlos sobre la mesa al inicio de un proceso siempre es efectivo:

¿Qué te gustaría conseguir con este proceso de coaching?

¿Cuáles son tus expectativas?

Aunque también podemos poner sobre la mesa lo que se espera del coach.

¿Qué esperas de mí como coach?

—

Al principio de cada sesión puedes hacer preguntas sobre las expectativas que genera la sesión:

¿Qué esperas de la sesión de hoy?

Al referirnos a las expectativas que genera el coaching hay que abordar asuntos que conviene tratar con el cliente, pues a veces se espera del coach que sea un consultor, un consejero o cualquier otra figura que no guarda relación alguna con el coaching.

Por lo tanto, será un buen momento para aclarar lo que es coaching y lo que no es coaching, hasta dónde puede llegar el coach y cuál es su papel en el proceso.

Objetivos

Los objetivos son más concretos que las expectativas. Nos hablan del resultado, de lo tangible, de por qué el cliente ha contratado un coach. Los objetivos se deben enumerar al principio del proceso, hacer un listado con ellos y explicitarlos. Si todavía no se ha contratado el proceso de coaching (sesión preinicial), no es necesario detallarlos. aunque sí es recomendable hacerlo en la primera sesión. Hablaremos de ellos más adelante.

Confidencialidad

Como ya hemos dicho, la confidencialidad es un asunto clave en el coaching. El coach debe garantizar la confidencialidad de lo que se ha comentado y hablado con el cliente en las sesiones de coaching. Esto es más sencillo cuando el cliente es una persona individual y no forma parte de una organización que contrata los servicios. Sin embargo, cuando hay terceras partes en el proceso (el superior directo del coachee, o los departamentos de dirección, recursos humanos o desarrollo) todo es más complejo y conviene dejar las cosas claras desde el comienzo.

Una buena práctica es establecer una sesión inicial con todas las partes implicadas y acordar esa confidencialidad. En dicha reunión se debe explicitar que el coach no puede compartir información sobre su cliente y el proceso de coaching, y que la mejor forma de que otras partes conozcan contenidos importantes de las sesiones y del proceso es preguntándoselo a propio coachee.

Como comentamos en el capítulo 6, "Las premisas del coaching", lo ideal es que el coach el entregue al coachee un compromiso de confidencialidad firmado.

Acuerdos

¿Cuáles son los principios en los que se basa la relación cliente-coach?, ¿Qué acuerdos formales e informales serán importantes? Lo habitual es hablar de aspectos como:

- **La puntualidad.** Establecer desde el principio en qué medida la puntualidad será importante y cómo se asegurará esta. También es conveniente hablar de qué pasará si el cliente no asiste a una sesión de coaching sin avisar o si llega muy tarde.

- **La implicación del coachee.** La mejor forma de conseguir coachees comprometidos durante todo el proceso es apelar a su implicación. No se trata de forzar nada, bastará un comentario como: *"Marta, hoy comenzamos un proceso muy importante para ti. Necesitamos contar con tu implicación, ya que con ella estas sesiones serán muy valiosas para ti. Esto quiere decir que si te comprometes a hacer algo después de las sesiones tendrás que hacerlo, y también cualquier compromiso que pongas en práctica como resultado de estas sesiones. ¿Podemos contar con tu implicación?"*.

- **La comunicación entre coach y coachee.** También es importante explicitar en qué medida el cliente y el coach se pueden comunicar y qué canales utilizarán. Hay coaches que conversan con sus clientes entre sesión y sesión. Otros prefieren que los clientes les cuenten por e-mail cuándo han llevado a cabo. Cada coach debe dejar claras cuáles son sus propias preferencias, y tener en cuenta las limitaciones del coaching para no crear una relación de dependencia entre el cliente y su coach.

Logística

Esta es la parte más concreta del coaching: el número de sesiones del proceso, la duración de estas, la frecuencia con que se realizarán, el precio, la forma de pago, el lugar y otros factores que conviene aclarar al principio. Al no ser una práctica regulada, no se dispone de ninguna referencia al respecto, tan solo las estadísticas a nivel mundial de lo que acostumbran a hacer los coaches.

- **El número de sesiones.** Es habitual que un proceso de coaching dure entre 6 y 15 sesiones.

- **La duración de las sesiones.** El promedio de duración oscila entre 45 y 90 minutos. Algunos coaches prefieren alargar más las sesiones y trabajar sobre varios temas importantes.

- **La frecuencia entre sesiones.** Es recomendable dejar transcurrir de dos a tres semanas entre sesiones, de forma que el coachee pueda integrar el aprendizaje y llevar a cabo las tareas. Sin embargo, algunos coaches prefieren empezar los procesos con sesiones semanales e ir alargando esta cadencia hasta que se realicen cada dos o tres semanas.

- **El precio.** Lo establece cada coach en función de su marca personal, reputación, tipo de cliente (particular o empresa), resultados conseguidos con sus clientes, tipo de coaching (telefónico o presencial) entorno y mercado. Las medias en el mercado del coaching oscilan entre los 80 y los 500 euros por sesión.

- **La forma de pago.** Debe acordarse como en cualquier otro servicio que prestan las empresas o profesionales. Hay quienes prefieren el pago después de la sesión, otros antes de esta, algunos que efectúan un pago mensual, y quienes dividen en tres partes el importe del proceso. Cada coach decide qué es lo que mejor se adapta a sus posibilidades, a su mercado y a su cliente en particular.

 Algunos coaches caen en la trampa de querer entrar en materia demasiado pronto, lo cual acaba comportando algunos problemas en las siguientes fases del proceso. Empezar bien el coaching es tan fundamental como llevarlo a cabo con las habilidades necesarias. Todo eso hace necesario hablar de las expectativas, objetivos, confidencialidad, acuerdos y logística.

09

——

Generando la confianza y el contexto para el coaching

«Un buen coach no trata de imponer, enseñar o mostrar nada, sino que ayuda a descubrir.»

El coach debe ser el garante de la confianza de su cliente. Para ello hay que definir los comportamientos del coach tendentes a una relación fructífera y basada en la confianza mutua.

Es fundamental establecer un vínculo de confianza e intimidad con el cliente. El coach debe tener habilidad para crear un entorno favorable que permita aflorar los temas de interés para el coachee, los bloqueos, las limitaciones y las soluciones.

En este punto, el coach se convierte en un curioso explorador, alguien que da muestras de interés genuino por su cliente. Desde el primer momento en el que el coach y el cliente interactúan hasta que profundizan en la sesión, el coach mantendrá una actitud de curiosidad, y dará muestras del interés que siente hacia su cliente y su forma de abordar los temas que le traen a la sesión de coaching.

Para generar esta confianza será importante que el coach muestre con ejemplos claros su integridad personal, su honestidad y sinceridad, cumpliendo las promesas a las que se haya comprometido. Un coach debe ser un claro ejemplo que seguir, y mantener un comportamiento ejemplar.

Los clientes suelen tener percepciones de la realidad diferentes de las de sus coaches. ¡Casi todos tenemos nuestra propia percepción de la realidad! Es lo que nos hace humanos. El coach demuestra un gran respeto por estas diferencias, por la forma de aprender de cada cliente, por su forma de mirar al mundo. El coach entiende que cada persona tiene un mapa distinto de la realidad, y que ese mapa no es el territorio, al igual que tampoco es el territorio el mapa que lleva el coach. Lo mejor que puede hacer el coach por su cliente es ayudarlo a comprender mejor su mapa, incluso a mirarlo de otra forma y a encontrar soluciones que antes no veía. Pero debe hacerlo siempre respetando el estilo y la idiosincrasia del cliente, ayudándole a descubrir, sin tratar de imponerle, enseñarle ni mostrarle nada.

De alguna forma, el coach se convierte en el mejor aliado de su cliente, a quien apoya y anima a seguir los comportamientos que ha decidido emprender para mejorar su realidad o conseguir sus objetivos. Es lógico que tengamos miedo al fracaso, a equivocarnos y asumir riesgos. El coach anima a su cliente a continuar en la brecha, en el delgado filo entre su zona de comodidad y su zona de aprendizaje. No lo empuja al vacío, sino que crea un contexto en el que su cliente se pueda sentir seguro para dar los siguientes pasos.

A veces la conversación entre cliente y coach aborda asuntos delicados o requiere una mayor profundidad porque el coach ha identificado algún elemento que merece la pena explorar. En estos casos, el coach pide permiso para adentrarse en dichos asuntos, ya que forman parte de la intimidad del cliente y de su vivencia personal, siempre sagrada. He aquí un ejemplo de este comportamiento del coach:

> Cliente: *Entonces Marta entró en la reunión y se puso como una fiera, yo me sentí de nuevo cohibido y no tuve el valor de decir lo que me gustaría.*
> Coach: *¿Quieres que profundicemos un poco más en tu relación con Marta?*

> Cliente: *La verdad es que casi nunca consigo lo que quiero.*
> Coach: *¿Puedo decirte lo que pienso?*

El coach sabrá en cada sesión adaptarse a las necesidades de su cliente, decidirá con este los asuntos que se abordan y establecerá la agenda de cada sesión. En muchas ocasiones, los procesos de coaching tienen un plan predeterminado desde el inicio, pero los clientes solicitan o piden que se aborden otros asuntos de su interés. El coach lo intuye en ocasiones; en tal caso, debe ponerlo sobre la mesa para que su cliente decida qué quiere hacer.

> Coach: *¿Qué te gustaría trabajar hoy?*
> Cliente: *Me gustaría que me ayudaras a solucionar un conflicto con el responsable comercial.*
> Coach: *Mario, teniendo en cuenta el plan inicial del proceso, este punto no estaba en la lista de objetivos iniciales. Si quieres, podemos dedicar tiempo hoy a trabajar este conflicto, sabiendo que quizás esto haga que le podamos dedicar menos tiempo a otros puntos que también eran importantes para ti. ¿Qué te gustaría hacer?*

De alguna forma, el coach ve los temas importantes, y los saca a la luz para que estén al servicio de su cliente y este pueda elegir. Aquí la intuición del coach, su creatividad y su capacidad de elaborar contextos de aprendizaje deben estar muy elaboradas, pues el coaching es una conversación simultánea en la cual la intervención se diseña sobre la marcha. Es lo que llamamos "bailar" con el cliente.

 El coach es un gran aliado de las emociones, sabe que estas condicionan nuestra experiencia y nuestra respuesta. También nos impulsan a hacer cosas extraordinarias, y gracias a ellas podemos expresarnos y sentirnos mejor con nosotros mismos. En el mundo empresarial y social, que es demasiado racional, las emociones han quedado postergadas durante décadas, no se les daba importancia ni se las consideraba sensatas. La era postindustrial tal vez nos haya contagiado esa mentalidad con arreglo a la cual el ser humano es una máquina, y que para actuar de una manera determinada basta con accionar determinados mecanismos.

Es imprescindible, que el coach permita que los clientes expresen sus emociones y sentimientos. Debe invitarlos a que la emotividad tenga un espacio seguro en las sesiones de coaching. Y debe mostrar confianza en sí mismo cuando un cliente le muestra emociones fuertes como la rabia o la tristeza. El coach debe conservar el autocontrol y no adoptar posiciones que podrían dañar la relación de coaching y los resultados del proceso (hacerse cargo de las emociones del cliente, tratar de consolarlo en exceso o todo lo contrario, o reprimir la expresión de emociones).

Que el coach trabaje también con la realidad emocional de sus coachees no quiere decir que practique ningún tipo de terapia, ni que sus clientes necesiten un terapeuta. Todo lo que nos sucede comporta una respuesta emocional que nos afecta. Sea cual sea nuestro objetivo, despertará sentimientos que hay que sacar a la luz y trabajar en las sesiones de coaching: miedo, ansiedad, alegría, vergüenza, rabia o tristeza. Todos ellos son sentimientos comunes a las personas que atraviesan periodos de cambio y desarrollo personal y profesional. Y hay que expresarlos en el entorno seguro que propone el coaching.

—

10

Definiendo
los objetivos

«Los objetivos por definición son
metas que no hemos conseguido.
Son puntos de referencia a los
cuales queremos ir, pero que
todavía no tenemos.»

Los objetivos son la clave del coaching. Los coaches ayudan a sus clientes a conseguir objetivos que ellos mismos se han marcado. Por ello es de suma importancia que el coach sepa trabajar con los objetivos de sus clientes, así como definirlos y conocer el proceso a través del cual se consiguen.

El coach debe tener en cuenta varias facetas relativas a los objetivos. Por ello vamos a profundizar más en este campo tan crucial en coaching.

Los objetivos no son fáciles

Por definición, los objetivos son metas que no hemos conseguido. Son puntos de referencia a los cuales queremos ir, pero que todavía no tenemos. No es fácil conseguir objetivos, sobre todo cuando son ambiciosos y suponen un esfuerzo considerable. Generan cierta dosis de incomodidad porque implica salir de la zona de confort. Esta es quizás una de las razones que hacen del coaching un servicio tan demandado:

> El coach ayuda a sus clientes a transitar por el complejo camino hacia sus objetivos, un camino lleno de incertidumbre, dificultad, incomodidad y de ganas de abandonar a veces.

Los objetivos iniciales no siempre son los objetivos

Los objetivos iniciales de los procesos de coaching no siempre son los que aparecen durante el proceso. Por este motivo, no conviene ser demasiado rígidos al comienzo y ceñirse solamente a los objetivos definidos por el cliente al principio del proceso, sino que una vez más debemos "danzar en el momento" con nuestro cliente y caminar hacia la dirección que cada persona decida.

Esta "confusión" aparente con los objetivos es habitual, quizá porque al inicio del proceso de coaching no existe la confianza necesaria entre coach y coachee. Por eso los objetivos no se explican con total claridad y detalle. Sin embargo, a medida que se avanza en el proceso y se establece la confianza necesaria, el cliente descubre nuevos objetivos, o se matizan los ya propuestos para dotarlos de mayor profundidad.

Los objetivos tienen una jerarquía

En ocasiones el coach no debe perderse en la inmediatez del objetivo que le ha planteado el cliente, sino que debe escalar un poco más en lo que dicho objetivo supone para el cliente. En efecto, conseguir un pequeño objetivo planteado por el cliente no supone, en ocasiones, ningún cambio significativo en su vida. Imagina el siguiente ejemplo:

Coach: *¿Cuál es tu objetivo?*
Cliente: *Me gustaría reunirme más con mi equipo.*
Coach: *¿Qué pasará si lo consigues?*
Cliente: *Tendré un mayor control*
Coach: *¿Qué es para ti el control?*
Cliente: *Saber lo que está ocurriendo en el área comercial y poder supervisar lo que hace cada comercial.*
Coach: *¿Qué ganarás si hay más control?*
Cliente: *Mejorarán nuestros resultados comerciales y podré tener más recursos e invertir más en formación y actividades para la cohesión del equipo, con lo que aumentará su motivación.*
Coach: *Al principio de la sesión has hablado de "reunirte más con tu equipo", y ahora acabas de decir que quieres mejores resultados comerciales para lograr una mayor motivación ¿Qué objetivo te gustaría trabajar hoy?*
Cliente: *Prefiero que trabajemos lo de los resultados y la motivación.*

De esta forma, el coach ha ido al grano, a lo que realmente le importa al cliente. Después de profundizar un poco, le ha dado a elegir qué aspecto le gustaría mejorar, pero no ha comprado desde el primer momento la idea que le planteaba el cliente. Esto suele ser habitual. De ahí la importancia de profundizar al principio de la sesión sobre el objetivo que se desea conseguir, ya que los objetivos suelen cambiar a medida que el cliente habla.

Definir el objetivo

La fase de definición del objetivo es decisiva, porque nos ayuda a nuestros clientes a hacer posible el objetivo. En esta fase, el cerebro de los clientes ya define, da forma y recorre los primeros pasos hacia su objetivo.

> **Hablar sobre un objetivo y definirlo con detalles es una forma de acercarnos a este.**

La definición es una fase de vital importancia y suele dejar un buen sabor de boca a los clientes, que tienen la sensación de que sus objetivos están a su alcance (y la sana ansiedad que da el saber que todavía no espera un largo camino).

Para conseguir un objetivo no solo es necesario saber lo que queremos, sino que además tendremos que definir los detalles del objetivo de la manera más clara. Esta es la diferencia fundamental entre un objetivo y una intención. Mientras que una intención es un "quiero...", un objetivo es un "quiero hacer esto de esta forma concreta".

Las intenciones marcan un rumbo por sí solas. Sin embargo, son los clientes quienes deben descubrir el camino en sí mismo, junto con las distintas rutas, desvíos y detalles del mapa. Para ello basta con una definición apropiada del objetivo.

Habrás oído hablar mil veces sobre acrónimos para definir objetivos, como SMART, MARTE y otros. En realidad no son más que una forma fácil de establecer los cuatro o cinco puntos que hay que recordar para definir un objetivo. En este caso te presentamos una forma distinta. Los objetivos, para poder cumplirse, deben tener las siguientes características:

Medibles (mirar los puntos si están bien colocados en el margen)

Debemos medir su avance o su cumplimiento, aunque las formas de hacerlo varían. A veces esta medición no es más que una sensación basada en una respuesta del exterior. El objetivo "Mejorar la relación con mi hermana" es medible si pasadas unas semanas podemos medir nuestro nivel de satisfacción con esa relación. La medición es una sensación más que otra cosa. La calidad de una relación no se mide por el número de sonrisas o palabras intercambiadas. En este caso, utilizar las escalas es muy útil para el coach. Por ejemplo:

> Del 1 al 10, ¿en qué medida estás satisfecho de la relación con tu hermana?

Conviene hacerse la pregunta: "¿Cómo podré saber que estoy avanzando y cumpliendo mi objetivo?".

Esto es más sencillo en objetivos muy concretos con magnitudes muy tangibles

- El objetivo "perder peso" se hace medible con una báscula.
- El objetivo "aprender un idioma" se hace medible con una prueba del idioma.
- El objetivo "correr una maratón" se hace medible al correrla.

Algunas preguntas que nos ayudan a hacer medible el objetivo de nuestros clientes son:

> ¿Cómo se puede medir la consecución de tu objetivo?
> ¿Cómo sabrás que lo estás consiguiendo?
> ¿Cómo lo sabremos los demás?

Específicos

Los objetivos deben ser concretos. El objetivo "Quiero correr una maratón" no es concreto El objetivo "Quiero correr la maratón de Berlín" sí lo es. Y lo sería más si definiera el tiempo en que quiero correrla.

Conviene preguntarle a nuestro cliente sobre las características específicas de su objetivo. En el caso de objetivos menos concretos es importante definirlos al máximo.

Coach: *¿Cuál es tu objetivo?*
Cliente: *Quiero mejorar la relación con mi equipo*
Coach: *¿A qué te refieres exactamente?*
Cliente: *Me gustaría que nuestra comunicación fuera más fluida y cercana. Creo que en ocasiones no atiendo sus necesidades como es debido.*
Coach: *Entonces, ¿qué es lo que quieres mejorar?*
Cliente: *Quiero más comunicación y cercanía con ellos.*
Coach: *¿Cómo sabrás que está habiendo más comunicación y cercanía?*
Cliente: *Creo que nos reuniremos más, que nos llamaremos más a menudo y que incluso podré hablar de temas personales con ellos, porque podrán confiar en mí y yo en ellos.*

Algunas preguntas que nos ayudan a hacer específico nuestro objetivo son:

¿Cómo es exactamente tu objetivo?
¿Qué detalles tiene tu objetivo?
¿Cómo sabrás que lo has conseguido?
¿Qué verás, sentirás o escucharás cuando lo hayas conseguido?

Temporales

Los objetivos deben tener una fecha de comienzo y una fecha de terminación. De lo contrario acabaremos por no hacer nada o dejarlo siempre para más adelante, como una pelota que nos encontramos por la calle: primero la golpeamos con el pie, pero luego la tiramos un poquito más adelante.

A veces se comete el error de que los clientes se fijen metas de comienzo bastante alejadas, con lo que evitan la incomodidad que les supone tener que empezar a cumplir un objetivo. Calentar motores suele ser la parte más difícil. Si alguien quiere perder peso, suele decir aquello de "Cuando pase el verano" o "La semana que viene". De esta manera nos seguimos dando el permiso para hacer lo que queramos. El coach tiene que arrancarle al cliente un compromiso que pueda poner en práctica durante

---

las siguientes una o dos semanas. Es evidente que no se podrá conseguir todo el objetivo, pero sí es un pequeño paso. Algunas preguntas que nos pueden ayudar en esta fase son:

¿Cuándo quieres haber conseguido tu objetivo?
¿Qué fecha de inicio y final tiene tu objetivo?
¿Qué otras fechas son importantes?

Auténticos

Cualquier objetivo que un coachee se proponga debe ser auténtico y real, debe partir del interior. A veces tendemos a ir detrás de objetivos que otros nos han impuesto o que no forman parte de nuestra forma de entender la vida. Antes de dar por válido un objetivo con un cliente, haz algunas preguntas relevantes como:

¿En qué medida deseas alcanzar este objetivo?
¿Cuán importante es para ti?
¿Cuán alineado con tus valores está este objetivo?

Automantenidos

Muchas veces los clientes quieren terminar de arreglar el mundo, conseguir que todos los que los rodean se lleven bien, que sus hijos y familiares tengan éxito en aquello que hacen y que haya más paz a su su alrededor. Aunque son objetivos más que motivadores, no dependen solo de nuestros clientes. Hay otras personas y factores en juego.

Cuando otras personas están a medio camino entre nosotros y nuestros objetivos, tenemos que ser realistas y permitirles decidir qué quieren hacer. Y quizá nosotros podamos hacer todo lo que esté en nuestra mano. Un cliente que quiere que su hija, que ahora tiene cuatro años, estudie una carrera cuando sea mayor puede definir mejor su objetivo por un "Voy a hacer todo lo posible para que mi hija pueda estudiar una carrera cuando tenga edad de decidir, y quiera acceder a ella". De esta forma el objetivo es automantenido, depende del cliente. He aquí algunas preguntas útiles en esta fase:

¿En qué medida este objetivo depende de ti?

¿De qué otros factores o personas depende la consecución del objetivo?

¿Qué es lo máximo que puedes hacer para conseguir el objetivo?

Estas cinco variables (Medibles, Específicos, Temporales, Auténticos y Auto-mantenidos) son las más necesarias para concretar los objetivos de nuestros clientes. Además, estas cinco iniciales forman una palabra que será fácil de recordar: META2

M	Medibles
E	Específicos
T	Temporales
A	Auténticos
2	Automantenidos

11

—

La escucha en el coaching

«Escuchar es ponerse a disposición de la otra persona, estar dispuesto a imbuirse y empaparse con sus comentarios, reflexiones y vivencias.»

De entre todas las habilidades que caracterizan al coach, la escucha tal vez sea la más destacable. La escucha provoca cambios profundos en los clientes, les ayuda de manera significativa a lo largo del proceso, y les facilita la consecución de objetivos.

Esta habilidad social y directiva es más relevante aún en el ámbito del coaching, que sería imposible sin ella. El coach dedica entre el 70 y el 90 % del tiempo a escuchar a su cliente, que es el protagonista. Por eso debe darle el papel de actor principal de la obra a través de la escucha, gracias a la cual conseguimos:

- Que el coachee se sienta atendido, apoyado y ayudado a través de la comprensión.

- Que el coachee escuche su mismo diálogo y reflexiones, lo que le ayudará a contextualizar mucho mejor sus propios temas y, por lo tanto, entenderse mejor a sí mismo.

- Que el coach conozca a fondo a su coachee a través de la escucha, con lo que podrá empatizar y mirar desde fuera en qué situación está su cliente.

- Que el coachee pueda desahogarse de situaciones que requieren de cierta ventilación emocional.

- Que la relación entre el coach y el coachee se fortalezca.

Escuchar es ponerse a disposición de la otra persona, estar dispuesto a imbuirnos y empaparnos de sus comentarios, reflexiones y vivencias. No todo el mundo sabe escuchar al nivel profundo, completo y rico en detalles que requiere el coaching.

Hay un tipo de escucha más efectivo que la tradicional: la escucha activa. Si el coach cumpliera al detalle con los preceptos de la escucha activa, ello bastaría para hacer un buen trabajo, aunque todavía podemos ir más allá. La escucha activa es una forma de prestar atención en la que la persona que escucha (el coach) forma parte "activa" del proceso. No se limita a ser un sujeto pasivo que recibe, sino que también ayuda a profundizar, facilitar la comprensión y el mensaje. Los preceptos de la escucha activa aplicados al coaching son:

- Mantener la mirada atenta en el coachee. El coach mira al cliente a los ojos durante la mayor parte del tiempo. Es una mirada genuina que muestra que el coach está presente y a disposición de su cliente.

- Dar muestras de que se está escuchando. Bastan pequeñas coletillas ("Ya veo", "Sí", "Entiendo", "Ajá" o "Huuummm") o pequeños asentimientos con la cabeza.

- Facilitar un espacio libre de juicios de valoración del coach, opiniones o temas que este pueda añadir. El coach entiende que el coaching está orientado al protagonismo de su cliente.

- No interrumpir, cortar ni desviar la atención del mensaje que el propio coachee está desvelando.

- Profundizar con alguna pregunta que ayude al coachee a encontrar algo más de significado o información relevante. En este sentido pueden ayudar preguntas como las siguientes:

  ¿Qué más?...
  Cuéntame cómo te sentías en ese momento...
  Entiendo que esta habrá sido una etapa difícil para ti, ¿no?

- Parafrasear el mensaje del coachee de forma que, por un lado, el coach confirme que ha entendido lo que acaba de decir su cliente, y por otro lado, su cliente pueda verse en un espejo, escucharse a sí mismo en boca de su coach. He aquí algunos ejemplos de parafraseo:

  Cliente: *Me siento confundido y fuera de lugar, la dirección no cuenta* *conmigo en la toma de decisiones y esto me hace estar un poco fuera de lugar.*
  Coach: *Percibo esa sensación que me comentas. Por lo que dices, pareces un poco perdido, ¿no es así?*

Cliente: *No quiero saber nada más de Tomás. Estoy hasta el gorro de sus manías y rarezas.*

Coach: *Por lo que veo, pareces cansada.*

Cliente: *Me gustaría obtener resultados significativos con este proyecto, pero no acabo de tener claro cómo poder hacerlo.*

Coach: *Entiendo tu necesidad de conseguir algo importante con el proyecto y veo que todavía no sabes cómo hacerlo posible.*

Al parafrasear tomamos la esencia de lo que acaba de decir la otra persona y se lo devolvemos para que esta nos confirme si hemos entendido bien el mensaje. Este efecto hace que el cliente se vuelva a escuchar a sí mismo y a profundizar en la forma en que se cuentan sus vivencias, reflexiones y experiencias.

Al parafrasear es habitual que el coach utilice frases como:

Por lo que dices, entiendo que...
Veo que...
Percibo que...
Entonces lo que quieres decir es que...
Escuchándote parece que...
A medida que te escucho tengo la sensación de que...

La escucha tiene un poder que va más allá de la presencia del coach en el lugar en el que se realiza la sesión. Por este motivo es tan beneficioso escribir en un diario: es una forma de "sacar al exterior" cosas que guardábamos en el interior.

En coaching hablamos de distintos niveles de escucha, dependiendo de dónde ponga la atención y el foco el propio coach. Cada nivel de escucha tiene unos matices distintos y unas características especiales que hacen que el coach tenga más o menos conciencia sobre aspectos concretos de lo que está ocurriendo en la sesión de coaching.

Nivel de escucha en el coach (primer nivel)

Cuando el coach escucha a su cliente centrando su atención en una escucha interna, es decir, en lo que le ocurre mientras su cliente habla. Este nivel de escucha no es empático: el coach está atento a sus propias reacciones, a los asuntos que escucha y en cómo resuenan en su interior, a elaborar nuevas reflexiones y a enfocar la sesión en una dirección determinada. En este nivel de escucha, el coach atiende a su intuición, una de las grandes aliadas del coach.

Nivel de escucha en el cliente (segundo nivel)

Cuando el coach se sitúa en este nivel de escucha se pone en "la piel de su cliente", empatiza con las sensaciones, emociones y mensajes de su cliente. Es una escucha muy comprensiva, desde la cual se pueden entender todos los matices de la experiencia del cliente. Las sensaciones del cliente suelen transferirse al coach, ya que las neuronas espejo de este empatizan con el coachee.

En este nivel de escucha, el coach puede sentir tensión en las cervicales si tiene ante sí un cliente estresado, o una sensación de vacío en la boca del estómago cuando el cliente está triste, o una especie de energía que trata de emanar desde el pecho hasta los hombros si el cliente expresa su enfado. La transmisión de las sensaciones de los clientes es muy habitual en coaching, y el coach debe aprovecharlo en la sesión.

Nivel de escucha en el campo emocional (tercer nivel)

El campo emocional se define como el conjunto de emociones, sensaciones y estados de ánimo que se producen durante la sesión de coaching. Es una visión de conjunto sobre lo que sucede en la sesión tal como la percibiría un observador externo. El coach tiene que ser consciente de este nivel de escucha, ya que de vez en cuando debe ser capaz de salirse de su rol como coach (primer nivel) y de la experiencia de su cliente (segundo nivel), y situarse en este nivel externo. De ese modo podrá observar con mayor objetividad todo lo que sucede en la sesión.

Este nivel es de notable utilidad, ya que en muchas ocasiones el coach necesitará una mirada externa para continuar con la sesión de coaching ¡pero no la tendrá! Imagina una sesión en la que el coach está muy interesado en guiar a su cliente en una determinada dirección. Si el coach tiene desarrollada su escucha de tercer nivel, se dará cuenta de esta tendencia y podrá reconducir la sesión, que de este modo será de mayor calidad.

 ¿Qué nivel de escucha hay que utilizar en las sesiones de coaching? Los tres. El coach experto lo consigue hacer de manera casi simultánea e inconsciente. Hay que tener en cuenta todo cuanto sucede en la sesión de coaching, observarlo y, llegado el caso, utilizarlo para favorecer el desarrollo del coachee.

12

El arte de hacer preguntas

«El coach no se centra en los temas o problemas que el cliente expone, sino más bien en la forma en la que los define, expone y se relaciona con ellos.»

Preguntar bien es un arte. Esto lo sabe cualquiera que se haya adentrado en el mundo del coaching. Si pudiéramos resumir las acciones más importantes que lleva a cabo el coach, serían estas dos:

> ## Escuchar - Preguntar

Si redujéramos al máximo la definición de coaching, diríamos que:

> **Se trata de hacer las preguntas adecuadas, de la forma adecuada y en el momento adecuado.**

Aunque suene reduccionista, lo más importante del coaching es preguntar de forma que ayudemos al cliente a reflexionar, replantearse y pasar a la acción. Por eso hablamos de las preguntas poderosas cuando nos referimos al estilo en el que se plantean preguntas en las sesiones.

En el proceso de coaching debemos considerar que las personas poseen los recursos y las soluciones a los temas que plantean, pero es posible que todavía no hayan encontrado estas soluciones. Por lo tanto, creemos que ellos pueden encontrar las respuestas para conseguir sus objetivos profesionales y personales.

Los clientes que recurren al coaching ya se han hecho muchas preguntas antes de acudir a nosotros. Por lo tanto, el objetivo de las preguntas del coach no consistirá tanto en averiguar información o soluciones para resolver el asunto como en ver la forma en la que el cliente lo formula y estructura. En consecuencia, el coach no se centra en los temas o problemas que le expone el cliente, sino en la forma en que los define, expone y se relaciona con ellos. El coach no se centra en los detalles de las situaciones que afectan al cliente, sino en la forma en que este se enfrenta a ellas. Es útil ayudar al coachee a "replantear" su forma de definir un asunto, considerar un problema o pensar en una meta.

Hay muchos tipos de preguntas posibles. Veamos cómo dominar este arte:

Preguntas simples y abiertas

¿Qué quieres conseguir?
¿Qué te lo impide?
....

Las preguntas breves y sencillas tienen más impacto sobre los coachees, ya que permiten medias tintas, no hacen pensar demasiado, sino que van al foco del asunto, son "minimalistas". No es lo mismo preguntar:

¿Qué opción prefieres?

Que:

De todas las opciones posibles que ahora mismo tienes sobre la mesa, ¿cuáles crees que son las más interesantes para ti?

Las preguntas abiertas se caracterizan porque invitan al cliente a abrir mucho más su conciencia y buscar nuevas soluciones. No son preguntas que se puedan responder con un "sí" o con un "no". Cuando los coaches en formación se inician en el mundo del coaching suelen cometer el error de formular demasiadas preguntas cerradas, lo que provoca que sus sesiones de coaching parezcan "conducidas" hacia una dirección y no se produzca una apertura real y suficiente por parte del coachee. En coaching están muy generalizadas, porque le ofrecen al cliente un amplio abanico de posibilidades. Las preguntas abiertas son ideales para empezar a hablar sobre un tema y profundizar en él. Podemos utilizar preguntas cerradas para otros propósitos, pero apenas se recurre a ellas.

¿Te gustaría que tu equipo estuviera más motivado? (Cerrada.)
¿Qué te gustaría conseguir con tu equipo? (Abierta.) *Esta pregunta no impone limitación, y genera posibilidad de respuesta.*

¿Estás motivado? (Cerrada.) *Esta pregunta no invita a profundizar*
¿En qué medida estás motivado? (Abierta.)

Una pregunta cerrada oportuna puede provocar o confirmar una decisión o conclusión.

¿Lo harás?
¿Se lo comunicarás a tu hermano?

Una pregunta cerrada realizada a destiempo hará que el cliente se bloquee y no pueda profundizar en el asunto que se está tratando.

En las siguientes páginas se ofrece un compendio de preguntas útiles que se pueden utilizar en las sesiones.

Preguntas que invitan al coachee a decidir sus objetivos

¿Qué te gustaría conseguir?

¿Cuáles son tus objetivos?

¿Qué metas te has planteado?

¿Qué quieres? ...

Preguntas que invitan a visualizar el futuro

¿Cómo te ves en diez años?

¿Cómo te gustaría ser?

Si pudieras proyectarte hacia el futuro, ¿cómo te gustaría verte?

Imagina el futuro ideal de esta relación. ¿Cómo te gustaría que fuera? ...

Preguntas que crean posibilidades

¿Qué pasaría si pudieras?

¿Cómo sería el futuro si tu empresa innovara tanto como tú quieres?

¿Cómo sería todo si este conflicto no estuviera presente?

¿Con qué recursos te gustaría contar? ...

Preguntas que sacan a la luz las limitaciones

¿Qué te lo impide?

¿Qué se está interponiendo en tu camino?

¿Qué limitaciones te encuentras? ...

Preguntas que apelan a los sentimientos y emociones

¿Cómo te sientes?

¿Cómo te hace sentir este conflicto?

¿Qué emociones hay dentro de ti cuando hablas de esto? ...

Preguntas que le dan la responsabilidad al coachee

¿Qué resultados quieres conseguir hoy?

¿Qué vas a hacer?

¿En qué medida estás comprometido con esto?

¿Cómo te gustaría terminar esta sesión? ...

Preguntas que hablan de la situación actual

¿Dónde te encuentras?

Del 1 al 10, ¿cuál es tu nivel de satisfacción con tu salud?

¿Cuáles son las características de la situación actual?

¿Cómo te sientes en este momento? ...

Preguntas que nos hablan de próximas acciones

¿Cuál es el próximo paso?

¿Qué acciones te ayudarían a conseguir tu objetivo?

¿Qué pequeño paso sería importante dar?

¿Qué vas a hacer de aquí a la próxima sesión? ...

Preguntas que nos plantean distintas opciones

¿Qué opciones tienes?

¿Qué alternativas hay?

¿Qué distintos escenarios te puedes encontrar?

¿Qué formas tienes de abordar este asunto? ...

Preguntas que nos hablan del plan de acción

¿Qué acciones habría que incluir en el plan de acción?

¿Qué pasos serán necesarios para conseguir su objetivo?

¿Cuáles serán los principales hitos en el camino? ...

Preguntas para pedir permiso y profundizar

¿Puedo interrumpirte?

¿Quieres saber qué me dice mi intuición?

¿Puedo hacerte una pregunta sobre este asunto?

¿Te importa si intento reformular lo que he comprendido?

¿Puedo decirte lo que siento? ...

Preguntas evocan a escenarios ideales

¿Cuál sería el mejor resultado?

¿Cuál sería el resultado ideal?

En última instancia, ¿qué te gustaría conseguir?

Imagina que han pasado un par de años, todo ha salido como querías y nos volvemos a encontrar. ¿Qué has hecho para conseguirlo? ...

Preguntas que hablan del peor escenario

¿Cuál es el peor escenario posible?

¿Qué pasaría si no lo consigues?

¿En qué medida estás preparado para fallar en este asunto?

¿Qué podría ser lo peor? ...

Preguntas sobre éxitos pasados

¿Cuál fue tu comportamiento en una situación similar en la que tuviste éxito?

En alguna situación similar a la actual en el pasado, ¿cómo conseguiste salir con éxito?

Aunque sea en diferente contexto, ¿cuándo tuviste la fuerza de voluntad necesaria para superar un asunto similar? ...

Preguntas que añaden metáforas útiles

Escuchándote, tengo la sensación de que tienes una pesada carga a la espalda. ¿Cómo sería si en su lugar tuvieras unas estupendas alas?

Me da la impresión de que estás metido en una ciénaga con el barro hasta las cejas. Cómo sería si pudieras nadar en un mar abierto y cristalino? ...

Preguntas que invitan a cambiar de perspectiva

¿Cómo solucionaría una persona en la que confías este asunto?

¿Qué consejo te darías a ti mismo?

Si esto le estuviera ocurriendo a uno de tus hijos en el futuro, ¿qué consejo le darías?

Si vieras esta situación y la trataras con más sentido del humor, ¿qué solución le darías?

Imagina que eres un vendedor muy exitoso. ¿Qué harías en esta situación? ...

Preguntas para desestructurar la forma de pensar del cliente

¿A qué obedece este comportamiento tuyo?

¿Cuál es el denominador común de los últimos conflictos que has vivido?

¿De qué forma todo lo que me estás diciendo hoy comparte cierta similitud?

Cuando dices esto, ¿qué fuerza interior tuya está actuando?

¿Qué parte de ti no estás teniendo en cuenta? ...

Preguntas que invitan a elegir

¿Qué opción de las tres prefieres?

¿Qué camino vas a tomar, el A o el B?

Entre resolver el conflicto, aceptarlo o resignarte, ¿qué prefieres?

¿Vas a reaccionar de forma inmediata o prefieres esperar? ...

Preguntas que ayudan a iniciar una sesión

¿Qué tal te encuentras?

¿Qué quieres trabajar hoy?

¿Qué te gustaría hacer hoy?

¿De qué te gustaría que hablásemos?

¿En qué podemos trabajar juntos?

¿Cuál es el resultado que te gustaría obtener de esta sesión?

¿Cómo puedo ayudarte?

¿Qué quieres conseguir en esta sesión?

¿Qué esperas hoy de mí? ...

Preguntas para profundizar en la experiencia

¿Cómo te sientes cuando eso ocurre?

¿Qué hiciste para que eso ocurriera?

¿Qué consecuencias tuvo?

¿Qué factores había en esa situación?

¿Qué es para ti...?

¿Qué sientes al enfrentarte a una situación como esta? ...

Preguntas que ayudan a tomar conciencia

¿De qué te das cuenta?

¿De qué eres consciente ahora?

¿Qué has aprendido?

¿Cuál es la conclusión que sacas de todo esto? ...

Las preguntas poderosas son la clave del desarrollo de los coachees. Al recurrir a las preguntas, los coaches ayudan a los clientes a desarrollar todo su potencial ofreciendo un cambio de perspectiva significativo.

13

El darse cuenta

«Al tomar conciencia de algo
nuevo, el cliente tiene más
opciones, un conocimiento nuevo
que le ayuda a elegir mejor.»

En el coaching producimos cambios en las personas, les ayudamos a tomar las mejores decisiones y facilitamos su avance personal o profesional. El cambio del cliente se forja desde el primer momento, desde que el cliente decide buscar un coach para ayudarlo con algún asunto relevante.

Más tarde, en las sesiones de coaching se inducen pequeños cambios en los coachees, que al ser sostenidos en el tiempo provocarán un cambio significativo. Este se produce en un momento determinado, al que algunos llaman *darse cuenta*, otros *insight*, y otros *quiebre*.

El darse cuenta es como una revelación para el cliente, un momento en el que este toma conciencia de algo relevante y significativo. Este darse cuenta es el fruto de todo lo que le ha precedido, la predisposición del coachee, el clima de confianza entre coach y cliente, la escucha, la profundización en los temas, las preguntas poderosas, y otros ingredientes que estamos viendo en este libro.

De alguna forma, el darse cuenta implica un pequeño cambio de rumbo en el cliente, quien toma conciencia de algo nuevo y dispone de más opciones, un conocimiento nuevo que lo ayuda a elegir mejor.

El **objetivo del coaching** es provocar ese darse cuenta en los clientes. En ocasiones, el darse cuenta de los clientes no se produce durante la sesión de coaching propiamente dicha, sino más tarde, al cabo horas, días o incluso semanas. No hay que desconfiar de los efectos de una conversación de coaching aunque no haya habido ningún darse cuenta significativo. Es cómo si hubiéramos plantado una semilla en el coachee que germinará en cualquier momento. A veces lo hará dentro de la sesión de coaching, y otras, fuera de ella.

El coach observa que ha habido un darse cuenta por la expresión de su coachee. Percibe que este ha descubierto algo nuevo por su expresión, su lenguaje no verbal y sus palabras. Es como si el coachee hubiera estado en un lugar y de repente se le hubieran abierto las puertas de un nuevo espacio que debe explorar y en el que va a encontrar nuevas soluciones.

Un ejemplo del darse cuenta podría ser el siguiente:

Cliente: *Creo que debo de dejarme de tonterías y actuar de forma adulta. Ahora no es momento de cambiar de trabajo.*

Coach: *¿Qué es para ti actuar de forma adulta?*

Cliente: *Pues pensar en mi futuro y en mi felicidad. No puedo andar de un lado para otro sin sentar cabeza.*

Coach: *¿Cómo sabes que serás feliz si te mantienes en tu trabajo actual y, como dices, "sientas cabeza"?*

Cliente: *La verdad es que no lo sé. De hecho no me siento muy feliz de un tiempo a esta parte.*

Coach: *¿Entonces...?*

Cliente: *Creo que me da miedo*

Coach: *¿A qué tienes miedo?*

Cliente: *... [Silencio]*

Coach: *... [Silencio.]*

Cliente: *A fracasar. [Se perciben un cambio en su expresión, una voz que tarda más en salir y unos ojos que miran hacia abajo.].*

En el ejemplo anterior ha habido un darse cuenta. El cliente podría decirnos que ha tomado conciencia de que tiene miedo a fracasar ante el cambio laboral que necesita. El darse cuenta puede referirse a algo que le reste energías al cliente, como en el caso anterior, pero también puede traducirse en un aumento de energía. Lo significativo del darse cuenta es la sensación de que hemos entrado en una habitación que alberga más conocimiento del que teníamos.

El coach debe ser consciente de que su objetivo es provocar el darse cuenta de los clientes, facilitar el camino hacia esos nuevos espacios con nuevos conocimientos para tomar mejores decisiones.

14

El silencio como habilidad

«El silencio es una habilidad muy poderosa. Aumenta la profundidad de la conversación y la información a la que el coach accede.»

En pocas escuelas de negocio, en pocos seminarios y revistas te dirán que el silencio puede ser una gran habilidad social o directiva. Sin embargo **el silencio es decisivo en el ámbito del coaching**. Es una de sus habilidades más importantes. Cuando un coach sabe provocar, mantener y sostener un silencio, su tarea mejora de manera considerable.

Si analizamos parte de la conversación con la que finalizábamos el capítulo anterior nos daremos cuenta de por qué el silencio es un arma tan poderosa.

> **Cliente:** *La verdad es que no lo sé. De hecho no me siento muy feliz de un tiempo a esta parte.*
> **Coach:** *¿Entonces...?*
> **Cliente:** *Creo que me da miedo*
> **Coach:** *¿A qué tienes miedo?*
> **Cliente:** *... [Silencio.]*
> **Coach:** *... [Silencio.]*
> **Cliente:** *A fracasar*

En el momento previo al darse cuenta hay un silencio por parte del coach, que también facilita el silencio de su cliente. Este silencio es el que provoca el darse cuenta, y también protagoniza los momentos más significativos de las sesiones.

Mediante el silencio, el coach facilita que sus clientes exploren nuevas soluciones, que reflexionen, que piensen y se comprometan consigo mismos. Los mejores coaches saben mantener los silencios, lo saben hacer de forma que su cliente pueda sentirse cómodo para explorar por sí mismo.

Por lo general, no sabemos estar en silencio cuando estamos con otros, y menos aún cuando se supone que estamos allí para ayudarlos. Sin embargo, el trabajo del coach es bien sencillo: preguntar, escuchar y mantener silencio.

En ocasiones, la respuesta del coach es muy breve y racional. El coach sabe que se dispone de mucha más información útil que el coachee puede revelar y poner al servicio de la sesión. El coach mantiene el silencio, y el coachee encuentra esa nueva información. Veamos un ejemplo:

Cliente: *Creo que es mejor no tomar decisiones precipitadas.*
Coach: *¿A qué te refieres exactamente?*
Cliente: *A que quizá deba pensármelo durante un tiempo.*
Coach: *Ah, muy bien.*
Cliente: *Sí.*
Coach: *... [Silencio]*
Cliente: *... [Silencio.]*
Coach: *... [Silencio]*
Cliente: *Aunque ya llevo meses dándole vueltas a este asunto...*

En esta ocasión, gracias al silencio del coach, el cliente ha buscado algo en su interior y le ha aportado a la sesión de coaching una información útil que le permitirá avanzar.

Cualquier momento de la sesión es bueno para utilizar el silencio. Veamos otro ejemplo:

Coach: *¿Qué te gustaría trabajar hoy?*
Cliente: *Creo que sería bueno continuar con el plan inicial. Con cualquiera de los objetivos que fijamos al principio.*
Coach: *... [Silencio.]*
Cliente: *... [Silencio.]*
Coach: *... [Silencio.]*
Cliente: *Aunque en la última semana me ha sucedido algo que me gustaría contarte y con lo que a lo mejor me puedes ayudar...*

En esta ocasión, al inicio de una sesión un silencio del coach provoca que el coachee decida el tema que se va a trabajar, y de una forma más auténtica.

El silencio es la gran herramienta del coach. Gracias a él provocamos grandes cambios en nuestros clientes, y conseguimos:

- Que se escuchen a sí mismos.

- Que tengan un espacio propio para reflexionar.

- Que puedan profundizar en su experiencia.

- Que puedan elegir mejor.

- Que se sientan los protagonistas del proceso.

15

———

Dominar la comunicación en el coaching

«A través del lenguaje no verbal y
del tono de voz expresamos
actitudes, opiniones y sentimientos
que no expresaremos de otra
forma.»

La comunicación es un aspecto clave del coaching. Entre las habilidades comunicativas más utilizadas por un coach se cuentan las siguientes:

1. La capacidad de expresarse con claridad.
2. La capacidad de utilizar la comunicación para crear confianza.
3. La capacidad de utilizar la comunicación para crear sensaciones.
4. La capacidad de leer el lenguaje no verbal de los clientes.
5. La capacidad de detectar incoherencias en la comunicación.
6. La capacidad de utilizar un lenguaje asertivo y directo.

Un buen coach sabrá utilizar todas estas habilidades para ponerlas al servicio del cliente y para que este pueda sacar más partido de las sesiones. Como sabes, la comunicación no solo es lo que decimos, sino también cómo lo decimos e incluso lo que no decimos. En ocasiones importa más el "cómo" lo decimos que el "qué" decimos. Se ha demostrado que, en lo relativo a las actitudes y sentimientos, cuentan más nuestros lenguaje no verbal y tono de voz que lo que digan nuestras palabras.

1. Expresarse con claridad

Este es quizás otro de los errores más comunes de algunos coaches inexpertos que creen que sus clientes les pagan las sesiones para escuchar sus explicaciones y reflexiones. El coach debe ser concreto y comunicarse con claridad. Los clientes muchas veces no podrán seguir las explicaciones de un coach sobre su forma de actuar o sobre algún otro tema,

La labor del coach consiste sobre todo en escuchar. Si tiene que hablar, lo hará cuando tenga sentido, porque sea necesario y significativo para la sesión. El coach no se pierde en grandes explicaciones o circunloquios. Su comunicación es clara y breve.

Para expresarse con claridad hay que utilizar no solo las palabras exactas que ha empleado el cliente, sino también los gestos más apropiados para cada palabra, el tono de voz adecuado y la velocidad correcta, haciendo pausas y añadiendo preguntas para chequear la comprensión:

Coach: *Entonces Juan, has comentado que tu próxima meta es mejorar la productividad de tu equipo, y que para ello vas a empezar haciendo una reunión semanal los lunes a primera hora ¿es así? Dices que esto es un paso intermedio, ya que si mejoráis la productividad, también dispondréis de recursos para plantearos la internacionalización, que es algo que siempre has querido hacer en tu empresa, ¿no?*

2. Utilizar la comunicación para generar confianza

La comunicación es una manera extraordinaria de generar confianza con el coachee. Cuando dos personas se sienten cómodas comunicándose, generan el sentimiento de que todo va bien y parecen compenetrados, decimos que están en sintonía (*rapport* en inglés). Es como si dos ondas estuvieran en la misma fase y fluctuasen a un ritmo parecido, con una amplitud similar.

Podemos entrenar esta capacidad de estar en sintonía con los demás y convertirla en una extraordinaria herramienta para agilizar la fase de creación de confianza. He aquí los mecanismos que nos permitirán hacerlo:

- Nuestra comunicación no verbal. Haciendo que sea similar a la del coachee. Manteniendo una postura similar y un tono de voz parecido, así como la forma de hablar más coloquial o formal. Pero siempre desde la similitud, sin copiar lo que el otro hace.

- Valiéndose de algunas de las palabras y expresiones que utiliza el coachee. Recurrimos a ciertas expresiones para sentirnos cómodos. Si escuchamos otras similares la sensación que generan es diferente. Hay personas que al "trabajo" le llaman "faena", otros que cuando tienen mucho trabajo van "liados", otros que cuando discuten con alguien están "de mal rollo"... En principio, el coach debe hacer todo lo posible por adecuar su lenguaje al lenguaje del otro. Esta habilidad se practica y con el tiempo es automática en los coaches.

- No mostrando desacuerdos importantes al principio de una conversación. Si queremos ganarnos la confianza de alguien no podemos empezar dándole poco valor a algo que dice la otra persona o contradiciéndolo.

- Mostrando un interés sincero por la otra persona, lo que hace, lo que dice, lo que le ha ocurrido o de dónde viene. No se trata de hacerlo de forma falsa, sino con un interés genuino por los demás.

3. Utilizar la comunicación para crear sensaciones

Las palabras tienen un efecto mágico en las personas. Nos sirven para crear sensaciones. Si lees las siguientes palabras es fácil que tengas una sensación: "crisis", "difícil", "problema".

Sin embargo, si lees estas otras tendrás sensaciones distintas: "situación económica", "no del todo fácil", "incidencia". En ambos casos las palabras pueden expresar lo mismo, pero no tienen la misma connotación. El coach utiliza el lenguaje para generar las sensaciones más necesarias en sus clientes. Y estas suelen ser positivas. No es lo mismo decir:

Coach: *Con esta crisis se ponen más difíciles muchas relaciones con los clientes y hay que saber anticiparse a cualquier problema.*

Que:

Coach: *Con esta situación económica las relaciones con los clientes no son del todo fáciles y hay que saber anticiparse a cualquier incidencia.*

Recuerda que cada palabra genera sensaciones por el mero hecho de estar en una frase. No puedes decir: "No pienses en un elefante rosa" sin que aparezcan en tu mente elefantes de color rosa. Por este motivo, hay que saber elegir las palabras y generar

—

las sensaciones que buscamos. Estas han de transmitir posibilidad, positividad, capacidad o cambio.

4. Leer el lenguaje no verbal y tono de voz de los clientes

A través del lenguaje no verbal y del tono de voz expresamos actitudes, opiniones y sentimientos que no podemos manifestar de otra forma. Los seres humanos comunicamos cosas distintas por diferentes canales. Esto nos diferencia de los animales, cuya comunicación no puede ser incoherente. Si un perro está triste, nos lo dirán sus ladridos, su rabo o su postura. Si una persona está triste, sus palabras pueden darnos a entender que está alegre, pero su cuerpo dirá que está triste.

El coach se fija en todos los gestos, microgestos, posturas, movimientos y tono de voz de sus clientes. A menudo nos llama la atención sobre incoherencias importantes que hay que sacar a la luz en la sesión.

Aunque el objeto de este libro no es profundizar en el lenguaje no verbal, pues para eso ya existen otros manuales, este es significativo cuando vemos que un cliente hace lo siguiente:

- Se incorpora en la silla hacia delante o se retira hacia detrás.

- Mantiene una posición abierta y de repente la cambia a cerrada, o al revés.

- Se toca la nariz o la boca.

- Se rasca el brazo, la cabeza o la nuca.

- Mira hacia abajo después de decir algo.

- Se lleva la mano a la boca del estómago.

- Mueve mucho las manos después de haberlas tenido quitas durante un tiempo.

- Utiliza un tono de voz enérgico o apagado.

5. La capacidad de detectar incoherencias en la comunicación.

Todas estas señales nos pueden indicar incoherencias en la comunicación del coachee. Si, por ejemplo, Luis dice que va a aceptar la promoción que le han propuesto en su empresa, pero al mismo tiempo se rasca un brazo, esto puede indicar que hay un inconveniente emocional o racional al respecto. Dominar la comunicación es clave para entrar en aspectos más amplios de la relación entre coach y coachee.

6. Utilizar un lenguaje asertivo y directo

La abordaremos en el próximo capítulo, dada su importancia para el coaching

16

La asertividad y la comunicación directa del coach

- -

«Mediante la asertividad y la comunicación directa, el coach debe poner los temas importantes sobre la mesa.»

- -

El coaching no debe confundirse con un método *soft* o blando, en el que el coachee obtiene los resultados deseados a través de la escucha y las preguntas. En el ámbito coaching muy a menudo debemos ser directos en la comunicación, ser asertivos y articular en la sesión lo que sentimos, vemos o intuimos.

Mediante la asertividad y la comunicación directa, el coach debe sacar a relucir los temas importantes, ya que de lo contrario el proceso sería poco productivo y de poca ayuda para el cliente.

Cambiar es incómodo, el coaching suele serlo para el coachee, ya que este debe salir de su zona de comodidad, transitar por un camino desconocido. Pocas personas disfrutan cuando sienten la ansiedad, la incertidumbre y el miedo que provoca estar frente a un pequeño abismo al que saben que deben saltar.

Por todo ello es frecuente que nuestros clientes cometan autosabotaje, es decir, que se pongan ellos mismos la zancadilla y eviten asumir la responsabilidad que supone conseguir sus objetivos. El coach también juega un papel importante al respecto, y deberá ayudar a su coachee a lograr sus objetivos, pese a sus esfuerzos inconscientes por ponerse la zancadilla.

Ante la incomodidad que supone abordar ciertos temas cuya importancia ha puesto de manifiesto el cliente, o acciones a las que se ha comprometido consigo mismo, es habitual que en algunos momentos se quiera "huir por otro camino más fácil". Aquí el coach no debe actuar de policía (sería un rol poco deseable para él), sino que debe plantear sin tapujos lo que está ocurriendo. Es importante puntualizar esto: el coach no debe ejercer un papel controlador, estilo jefe o "padre" sobre su coachee, pues ello haría peligrar el proceso y crearía una dependencia absurda. Eso ya no sería coaching. Sabemos que nuestros clientes son adultos y asumen responsabilidades sobre su desarrollo. Sabemos que cambiar genera incomodidad, y nuestros coachees se van a encontrar con todo tipo de saboteadores en el camino.

Por lo tanto, el coach será capaz de tener los pies sobre la tierra y utilizar su asertividad tanto como sea necesario para ayudar a su cliente. He aquí algunos ejemplos típicos del uso de este tipo de comunicación:

—

"Marcos, en las tres sesiones que llevamos te has comprometido contigo mismo a llevar a cabo varias acciones para las siguientes sesiones. Sin embargo, cada vez que nos reunimos resulta que no las has realizado. En las tres ocasiones has dicho que era por falta de tiempo y otros motivos similares"

Para mí es muy importante que todos mis clientes obtengan mucho valor y consigan resultados con las sesiones de coaching, y creo que, de momento, no lo estás consiguiendo. Me gustaría saber qué piensas al respecto y si estás comprometido con tu proceso de mejora."

"Luis, el primer día de este proceso de coaching ambos acordamos que llegaríamos puntuales a las sesiones. He comprobado que en las tres últimas sesiones has llegado con unos diez minutos de retraso. ¿Qué está ocurriendo?"

"Marta, aunque el primer día hablamos sobre lo que era el coaching y en qué se diferencia de otros métodos, me he dado cuenta de que me pides consejo y guía muy a menudo para ayudarte a emprender. Como sabes, yo no puedo ayudarte en este tema y me planteo que a lo mejor necesitas un consultor que te pueda asesorar, en lugar de un coach. ¿Qué opinas?"

"Sergio, después de hablar contigo en la primera sesión, me doy cuenta de que los temas que quieres abordar no son el tipo de cuestiones que se trabajan desde el coaching, y yo no te voy a ser de mucha ayuda. Pienso que hay enfoques terapéuticos que te serán mucho más eficaces y útiles y que pueden profundizar mucho más y mejor en los temas que te preocupan. ¿Te parece bien si te doy el teléfono de un colega para que puedas empezar con él?"

> "María, cuando hablamos sobre la posibilidad de promocionar, escucho tu voz y no tengo la sensación de escuchar a la María a quien conozco, sino a una María que no quiere crecer, cambiar ni mejorar. ¿La oyes tú también?"

> "Álvaro, el primer día hablamos sobre la importancia de la confidencialidad en los tres procesos de coaching que los socios estáis llevando a cabo. No puedo contestar a tu pregunta sobre los cambios que está haciendo Dani, pues ello violaría nuestro compromiso."

17

—

Utilizar la intuición

«Grosso modo, la intuición es la suma de pequeñas señales que nos envía el entorno y que nos hacen pensar en una determinada dirección.»

La comunicación se produce a un nivel significativo para el cliente, y está orientada a que este obtenga buenos resultados. La comunicación se establece por distintos canales, la información fluye en varias direcciones y utilizando distintos medios: sonidos, imágenes o sensaciones. El coach tiene que ser muy hábil y dominar todas las modalidades comunicativas, pero sobre todo debe saber utilizar su **intuición**.

¿De dónde proviene la intuición? ¿Es un sexto sentido? Podríamos decir que sí, que es un sentido que no hemos reconocido como tal, y que no siempre desarrollamos de la manera adecuada ni reconocemos su valor.

La intuición tiene que ver con aspectos de la comunicación que no terminamos de dominar, con la suma de pequeños indicadores que nos hacen pensar de una manera determinada. Lo que genera en el coach una sensación y una toma de conciencia sobre alguna faceta del coachee no es un gesto en solitario, ni la forma de decir una palabra, sino el conjunto de varios factores casi insignificantes.

Podemos pensar que la intuición es la suma de pequeñas señales que nos envía el entorno y que nos hacen pensar en determinada dirección.

¿La intuición de las personas es siempre objetiva? Cabría decir que no, ya que esta intuición está condicionada por nuestras experiencias previas, nuestras creencias y valores, nuestros condicionamientos culturales, carácter o temperamento, y otra serie de factores. Cuando alguien sostiene que "mi intuición me dice que..." es muy probable que, además de las señales del entorno, haya tenido en cuenta su forma de ser y su experiencia vital. La suma de esos elementos genera una intuición.

Pongamos un ejemplo muy sencillo. Cuando Pedro era pequeño lo mordió un perro que se giró de repente hacia él y lo persiguió hasta morderle un tobillo. Si un perro se gira hacia él, su intuición le dirá que le va a morder. Pero a mí no me ha mordido ningún perro, de modo que, si me sucediera esto, la intuición me diría que el perro se ha limitado a olerme y que solo quiere jugar conmigo. Es decir, la intuición de cada uno está sesgada.

Siguiendo el ejemplo anterior, otra cosa sería que Pedro, consciente de su experiencia pasada, decidiera cambiar su punto de vista con respecto al perro que le está mirando, y se fijara en que este mueve el rabo y no parece un perro agresivo. Entonces Pedro sería más objetivo a la hora de tener una intuición sobre lo que va a ocurrir.

En el coaching se da justo este fenómeno: el coach debe ser muy consciente de todo lo que forma parte de sí mismo y no de la experiencia real y fenomenológica que pone el cliente sobre la mesa. Si el coach no es consciente de esto, acabará proyectando en sus clientes sus propios miedos, deseos o limitaciones.

Por este motivo el coach debe estar muy trabajado; es decir, debe haber recorrido un camino de crecimiento y desarrollo personal considerable, o bien por haber tenido experiencias vitales significativas, o bien por tener muchas horas de vuelo y de supervisión de otro coach o experto en el comportamiento humano. Cuando se dan estas circunstancias, sabemos que la intuición del coach está más afinada y, por lo tanto, su cliente podrá sacar más partido de ella.

¿Cómo utilizamos la intuición en el coaching?

Nos limitamos a sacarla a la luz y ponerla sobre la mesa. Durante la sesión, el coach tiene sensaciones, reflexiones y pequeños "darse cuenta" que también serán útiles para el coachee.

Sin embargo, esta información forma parte de nosotros y, por lo tanto, puede estar "contaminada" por nuestras percepciones. Por eso debemos utilizarla con sumo respeto y cuidado. Los siguientes ejemplos nos muestran diálogos de sesiones de coaching en los interviene la intuición:

Cliente: *Ahora me han propuesto una nueva función además de mi actividad diaria: coordinar la actividad del equipo de administración.*

Coach: *Vaya, algo nuevo.*

Cliente: *Bueno, probaremos a ver qué tal...*

Coach: *No parece que te entusiasme mucho.*

Cliente: *No, en realidad no.*

Coach: *¿Puedo contarte qué me dice mi intuición?*

Cliente: *Sí, claro.*

Coach: *Creo que tu trabajo actual te desmotiva tanto que, aunque no sabes cuál será tu siguiente etapa profesional, tienes la certeza de que no será ni en esta empresa ni en la función que ocupas actualmente.*

Cliente: *Uf... En realidad, sí. Desde que pasamos los años de la crisis, algo hizo clic dentro de mí y ahora me encuentro muy perdido, pero con ganas de realizar algún cambio importante.*

Cliente: *Ayer salí a correr. Es la segunda vez en una semana.*

Coach: *Vaya, vas haciendo avances importantes.*

Cliente: *Sí, me costó mucho salir, pero cuando volví a casa me sentí mucho mejor.*

Coach: *¿Cómo te ves después de haber conseguido tu objetivo de salir a correr cinco días a la semana?*

Cliente: *Bien, sería un reto significativo para mí.*

Coach: *¿Sabes? En las dos últimas sesiones te has planteado el reto de ser un corredor más asiduo, sin embargo, yo veo que cuando hablas de este tema no pareces muy entusiasmado ¿Cómo lo ves tú?*

La intuición no aparece sola. En los anteriores ejemplos, lo más seguro es que el coach recurra a su intuición después de observar algún comportamiento verbal o no verbal que no termina de encajarle. Es la suma de pequeños indicios, de algunas incoherencias entre lo que se dice, y el cómo se dice o lo que no se dice y se está evitando decir.

En estos dos ejemplos la sesión de coaching no habría discurrido por los mismos derroteros si el coach no hubiera utilizado su intuición para avanzar en el diálogo con su coachee. Un coach debe aprender a utilizar la intuición tanto como pueda, ya que así se provocan grandes *insights* para los clientes.

18

Impulsar a la acción

«Impulsamos a nuestros clientes
hacia nuevos horizontes a través
de la realización de acciones
concretas, que provienen de una
toma de conciencia y una reflexión
significativa.»

El coaching no sería coaching si no existiera acción, si no impulsara a nuestros clientes hacia nuevos horizontes a través de la realización de acciones concretas. Dicen que sin acción no hay aprendizaje. Por este motivo el coaching facilita la acción de manera constante, provoca que los clientes se comprometan con acciones que los ayuden a:

- Acercarse a un objetivo mayor.
- Aprender una habilidad.
- Afrontar un miedo.
- Contactar con la realidad, pasar de las palabras a los hechos.
- Resolver un conflicto.
- Poner en práctica un aprendizaje.
- Reflexionar sobre algo.
- Profundizar en el propio conocimiento.

El coach debe tener la habilidad de diseñar con el cliente oportunidades para desarrollar aprendizaje continuo, de forma que conduzcan de un modo efectivo hacia los objetivos planteados.

Ya que el coaching trata de acompañar en lugar de empujar, es importante que las acciones se diseñen durante la sesión de coaching. En especial, se crean cuando esta ya está terminando, generalmente después de haber reflexionado lo suficiente, profundizado en un tema, descubierto algo interesante y, por último, planificando una o varias acciones que acerquen al cliente todavía más a su objetivo.

Diseñar acciones no es del todo fácil, ya que implica el compromiso del cliente para hacer algo que no estaba planificado, y que además tendrá que realizarse fuera de la sesión de coaching. El coach tendrá que ayudar a su cliente a que se comprometa y asuma la responsabilidad de llevar a cabo dichas acciones.

Dichas acciones deben crearse desde la voluntad del cliente, con la ayuda de un coach que puede aclarar, retar o profundizar algo más en ellas. Es un error muy habitual que algunos coaches se dediquen a poner "tareas" o "deberes" a sus clientes de forma casi automática, ya que se trata de un proceso que no se ha creado desde la voluntad del coachee. En tales casos, el nivel de compromiso de los coachees disminuye, ya que se acostumbran a que el coach "pida" y ellos "ejecuten". De este modo se generan ciertos vicios que conviene evitar.

He aquí las preguntas clave que hay que realizar cuando la sesión ha tomado forma y se producen reflexiones importantes, deseos de cambiar algo y quizás algún darse cuenta por parte del cliente:

¿Qué pequeña acción podrías hacer en las próximas dos semanas?
¿Cómo vas a...?
¿Qué te comprometes a hacer de aquí a la próxima sesión?
¿Cómo podrías hacer para cambiar esta situación?

Llegado este punto es normal que el cliente experimente un vacío de ideas, pero es un vacío fértil que el coach tendrá que respetar con su silencio, ya que el coachee debe dilucidar una o varias pequeñas acciones que lo ayuden a conseguir su meta.

En caso de que el coachee no lleve a cabo ninguna acción, el coach y él podrían hacer una tormenta de ideas para plantearse diversas posibilidades, entre las cuales el coachee elegirá posteriormente.

Cuando las acciones son muy sencillas, el coach invita al coachee a "hacerlo ahora". Por ejemplo, si un coachee decidiera que su tarea consiste en reservar un fin de semana con su pareja en un hotel con encanto, lo ideal sería decirle: "Perfecto, entonces hazlo ahora, llama y reserva".

El coach suele animar a su coachee a ir más allá, a no quedarse en una tarea demasiado cómoda e insulsa. Lo reta a conseguir más y mejores resultados para demostrarle que cree en su potencial.

"Tomás, has dicho que la semana que viene llamarás a diez nuevos clientes para tratar de conseguir una cita. Yo sé que puedes hacerlo mucho mejor. Te lanzo un reto. ¿Qué tal si llamaras a veinte?"

A veces es el coach quien propone la tarea, pues conoce a su coachee y sabe que esta se adapta perfectamente a sus necesidades. Pero conviene ser cuidadoso al proponerla, y dejar a su criterio si acepta el reto, no lo acepta o hace una contraoferta.

"Marta, creo que puedes hacer algo que te vendría muy bien para mejorar la relación con Nico. Te lanzo un reto. De aquí a la semana próxima habrás mantenido una conversación con él para hablar sobre vosotros y vuestro futuro. ¿Qué dices? ¿Sí, no o contraoferta?"

El coach demostrará un seguimiento de las acciones de sus clientes, y juntos comprobarán en la siguiente sesión cuáles han sido los resultados. Por supuesto, celebrarán los éxitos, si los hay.

En caso de que estas acciones no se hayan llevado a cabo, el coach averiguará los motivos y hará recaer en su cliente la responsabilidad de decidir qué quiere hacer con ello.

Coach: *Mario, ¿cómo fue la conversación con tu jefe?*
Cliente: *No la tuve. La verdad es que no me sentía con fuerzas.*
Coach: *Para ti era importante, ¿no?*
Cliente: *Sí, pero creo que ahora no es el momento*
Coach: *Claro... ¿Qué has aprendido, entonces?*
Cliente: *Creo que en asuntos tan delicados como estos, tengo que saber darme un tiempo y actuar con la mente fría. De lo contrario puedo meter la pata. Tengo que ser más estratega y menos impulsivo.*
Coach: *Ah...*
Cliente: *Sí.*
Coach: *¿Qué más vas a hacer para conseguir tu objetivo?*

En ocasiones, las acciones planteadas no son del todo realistas, o no están bien diseñadas, o el coachee, una vez en el terreno de juego, las ve demasiado lejos de sus aspiraciones. El coach puede desafiar al cliente por no haberlas realizado, siempre desde un enfoque positivo y creativo, buscando nuevas soluciones.

La responsabilidad sobre la realización de las acciones siempre es del cliente. Debemos permitirle que decida como quiere hacerse responsable de llevar a cabo sus acciones. En ocasiones podrá elegir a otra persona de su entorno para comunicarle sus avances y en otras ocasiones el propio coach puede servir de apoyo al coachee.

Coach: *Entonces dices que, en la próxima semana, dedicarás la primera hora del día a concertar citas con los clientes.*
Cliente: *Sí.*
Coach: *¿Me puedes enviar un e-mail después de esas llamadas y contarme cómo te ha ido?*
Cliente: *Perfecto.*

19

El coaching se adapta a la realidad de los clientes

«Los problemas aparecen cuando
los coaches no se adaptan lo
suficiente a sus clientes y creen en
un método de validez universal.»

El coach debe danzar con el cliente; es decir, adaptarse a su realidad puntual, a sus necesidades en cada momento para lograr un coaching efectivo. Es evidente que el coach no seguirá siempre los mismos pasos en un proceso de coaching, ni en una sesión, sino que se basará en la experiencia real de su cliente para "danzar" en su compañía y lograr los objetivos de este o satisfacer sus necesidades.

No es lo mismo un coaching para una persona que quiere solucionar un conflicto con un compañero de trabajo que un coaching con un atleta que quiere estar en los próximos Juegos Olímpicos, un coaching con un contable que quiere dejar su trabajo y emprender por su cuenta o un coaching con un alto directivo que desea mejorar su mapa competencial. La duración, el tipo de proceso y el comportamiento del coach serán diferentes en cada caso. De ahí que los coaches deban prepararse a conciencia para adaptarse a sus clientes y diseñar juntos un proceso de coaching exitoso.

Además, el coach debe saber adaptarse a su cliente según el momento en que se encuentre, así como ser un experto en el funcionamiento del proceso de cambio de las personas, la manera en que conseguimos nuestros objetivos y metas. De lo contrario el coaching podría avanzar en una dirección indeseable.

Algunos clientes se han quejado de que el coaching puede parecer un proceso excesivamente orientado hacia objetivos, es decir, que desde el mismo principio el coach ya quiere que su cliente tenga claro un objetivo y se ponga a caminar hacia este, mediante acciones concretas. Existe la creencia arraigada de que "el coach ayuda a sus clientes a conseguir sus objetivos", aunque lo cierto es que el coach también ayuda a sus clientes a "saber cuáles son estos objetivos". Muchas veces no sabemos lo que queremos, tan solo que nos encontramos en una situación que querríamos cambiar, y por eso contratamos a un coach. Tal vez estemos insatisfechos con el trabajo, la salud, la pareja, la vida, la forma en la que dirigimos nuestro equipo o con cualquier otro asunto. Las complicaciones aparecen cuando el coach no es consciente de las necesidades puntuales de su cliente.

Si analizamos estos pasos en función de cómo conseguimos objetivos, podemos utilizar el ciclo de satisfacción de necesidades (también llamado ciclo de la experiencia). De este modo comprenderemos mejor cómo cambiamos y conseguimos objetivos. El ciclo de satisfacción de necesidades es una herramienta que ayuda al coach a saber dónde se encuentra su cliente, en qué momento de la consecución de su objetivo se encuentra y, por lo tanto, qué le puede ayudar a pasar a la siguiente fase.

Las siete fases del ciclo

1. Sensibilización - Sentir
2. Toma de conciencia - Saber lo que se quiere
3. Energetización - Reunir la energía para actuar
4. Acción - Actuar, ponerse manos a la obra
5. Contacto - Haber conseguido el objetivo
6. Satisfacción - Sentirse satisfecho
7. Retirada - A otra cosa....

Nos pasamos la vida repitiendo estas siete fases. Realizamos el ciclo de satisfacción de necesidades cada vez que queremos algo, y lo repetimos de manera indefinida. Un ejemplo muy sencillo:

"Hace un tiempo que noto cierta insatisfacción, no logro encontrarme del todo a gusto con mi trabajo, me noto más decaído y con menos energía de lo normal (**Sensibilización**). *Al reflexionar al respecto me doy cuenta de que últimamente todos los proyectos que llevo a cabo apenas entrañan desafío. Tal vez necesite algo más de incertidumbre y aventura en el terreno laboral* (**Toma de conciencia**). *Creo que debería hacer algo al respecto. ¿Y si desarrollo una nueva línea de negocio? Seguro que es una buena idea. Ahora hay oportunidades nuevas que con mis conocimientos podría explorar, para así crear nuevos servicios que podría ofrecerles a nuestros clientes. ¿Cómo lo haría? De esta forma empiezo a animarme y a soñar con esta nueva idea de negocio de manera que me parece casi real. Empiezo a poner sobre el papel mis planes, empiezo a hablar con otras personas de esta nueva idea* (**Energetización**). *Ya tengo la idea clara, ahora debo de ponerme manos a la obra,*

empiezo a diseñar el producto, su marketing y a ofrecérselo a nuestros clientes (**Acción**). *Algunos clientes se sienten interesados, y deciden probar nuestros nuevos servicios (**Contacto**). Me siento mejor, parece que estaba estancado en términos laborales y ahora tengo un montón de trabajo pendiente para lograr que esta nueva línea de negocio sea un éxito. Siento un bienestar que antes no tenía (**Satisfacción**). Después de haber conseguido mi reto y satisfecho mi necesidad, ahora retomo la normalidad de la que puede surgir cualquier idea o necesidad (**Retirada**).*"

Como decíamos el ciclo se repite una y otra vez a lo largo de nuestras vidas, aunque en ocasiones nos quedamos bloqueados en una fase del ciclo y no sabemos pasar a la siguiente. He aquí algunos ejemplos:

- La persona que siempre ha querido aprender un idioma pero nunca se puso manos a la obra.
- El empleado que siempre quiso ascender pero se quedó con las ganas y no hizo nada al respecto.
- El marido o la mujer con una gran insatisfacción que nunca supo a qué se debía o qué era lo que realmente quería.
- La persona que empezó un proyecto concreto pero nunca lo acabó.
- El fumador que siempre quiso dejar de fumar y no paraba de decir a los demás: "Voy a dejar de fumar".
- El profesional que aun después de haber conseguido sus objetivos nunca se encontraba satisfecho.
- La persona incapaz de cerrar página ante una situación laboral extinta.

Cada una de las anteriores personas tiene necesidades distintas. Por lo tanto, la forma de abordar el coaching será diferente en cada caso. Los problemas surgen cuando los coaches no se adaptan lo suficiente a sus clientes y creen en un método único de validez universal.

Imagina que el proceso de coaching será diferente para cada situación. No es lo mismo que alguien no sepa lo que quiere que haber identificado el objetivo y aparecer con este en la sesión de coaching. Tampoco es lo mismo que una persona haya empezado a caminar hacia su objetivo aunque tenga problemas con la ejecución que no haber realizado ninguna acción conducente a la consecución del objetivo.

Cuando e coach se centra excesivamente en la consecución de objetivos, como un proceso mecánico, no consigue sacar lo mejor de su cliente. Saber qué necesita el cliente y adaptarse a este cependiendo de la fase del ciclo en la que se encuentre es lo que diferencia al coach de un software programado para "hacer coaching", lo cual no tiene ningún sentido ni sería efectivo.

Por lo tanto, será importante saber qué necesitan nuestros clientes en función de la fase del ciclo en que se encuentren:

→ **Bloqueo en la fase de sensibilización.** Un cliente que está bloqueado en la fase de sensibilización necesita sentir, contactar con sus sensaciones, emociones y conciencia corporal. El coach tendrá que arreglárselas muy bien para utilizar un coaching lento, sensorial, y orientado hacia lo interno. Es un coaching poco mental y más corporal y emocional, ya que el bloqueo del cliente no es mental en esta fase. Cuando la situación se desbloquee empezará a saber qué es lo que quiere, es decir tomará conciencia.

→ **Bloqueo en la fase de toma de conciencia.** Un cliente sabe lo que quiere, pero no hace nada por conseguirlo. Aquí el coach debe tener la habilidad de definir bien el objetivo con su cliente, el plan de acción y empezar a hacer acciones que lo ayuden a energetizarse, a reunir la energía necesaria para actuar. Hablar sobre ello, dibujarlo, soñarlo, visualizar, hablarles a otros de su objetivo...

→ **Bloqueo en la fase de energetización.** El cliente que reúne energía para actuar pero no actúa es un cliente a quien le resulta difícil pasar a la acción. Aquí el coach tendrá que fomentar con el cliente la realización de pequeñas acciones que lo dirijan hacia su objetivo. Por ejemplo, el cliente que quiere perder peso podría limitarse a almorzar o merendar piezas de fruta.

→ **Bloqueo en la fase de acción.** Si el cliente pasa a la acción pero no parece conseguir los objetivos, lo más probable es que las acciones no estén bien diseñadas, o el cliente ponga la energía en el lugar equivocado. Resulta de gran ayuda diseñar bien el plan de acción, hacer planes de contingencia y monitorizar el proceso y el avance del cliente, ya que así contactaremos con la sensación de que se está alcanzando el objetivo.

→ **Bloqueo en la fase de contacto y satisfacción.** El cliente sabe lo que quiere, realiza acciones para conseguirlo, lo consigue y sin embargo, no se siente satisfecho por el logro. El coach tendrá que crear conciencia sobre los avances realizados, los aprendizajes y las metas alcanzadas. Quedarse bloqueado en esta fase también suele ser el síntoma de una mala planificación del objetivo inicial; es decir, se ha recorrido un camino que en realidad no era tan importante para el cliente. Las fases iniciales del coaching son fundamentales: buena planificación de objetivos, alineados con los valores y forma de ser de la persona y que provengan de una necesidad real y vital del cliente. En estos casos lo más útil sería abrir un nuevo ciclo con el cliente, retomar la necesidad inicial y definir mejor el objetivo.

→ **Bloqueo en la fase de retirada.** El cliente se siente apegado a su anterior proyecto o experiencia y no es capaz de pasar página. Aquí el coach tendrá que ayudar al cliente a descubrir nuevas realidades, nuevos mapas que explorar y nuevos objetivos.

Conocer bien la experiencia de nuestro cliente, saber cómo es, qué necesidades tiene y dónde se ha bloqueado es de suma importancia si deseamos que los procesos de coaching sean efectivos.

20

Coaching de equipos

«El coaching de equipos es uno de
los métodos que más desarrollo y
aplicación van a vivir en los
próximos años.»

Una de las manifestaciones más comunes del coaching es el coaching de equipos. En él actuamos con un equipo de personas utilizando las técnicas y los métodos ya explicados. Sin embargo, el coaching de equipos tiene una metodología concreta y más extensa cuyos detalles no podríamos explicar en este libro, más allá de unas breves pinceladas para despertar la curiosidad del lector. Uno de los libros de consulta que te pueden ayudar es el que escribí junto a Enric Arola *Coaching de equipos* (Profit Editorial, 2014), una guía completa que se ha convertido en un referente a nivel mundial.

En el coaching de equipos debemos tener en cuenta algunas consideraciones importantes:

→ **El coach hace coaching al sistema, no a los individuos.** En este tipo de coaching, el cliente es el equipo, y el coach debe considerar a la totalidad de su cliente. Esto significa que su papel consiste en ayudar al equipo a conseguir sus objetivos.

→ **El papel del coach es que el equipo tome conciencia.** Lo importante en coaching de equipos es que el mismo equipo se pueda mirar al espejo y decidir qué quiere hacer con lo que ve. Por este motivo, el coach tendrá que ayudar al equipo a tomar conciencia y reflexionar.

→ **El coach escucha al equipo y está atento a las señales que emtite.** El coach escucha la realidad del equipo, el clima emocional que reina en el sistema, la sensación que viven las personas que forman parte del equipo. El coach también está atento a las señales que emiten los miembros del equipo, señales verbales o no verbales, que hablan del equipo, de sus conflictos, de lo que funciona y de lo que no funciona, y de los deseos del equipo y de sus individuos.

→ **El coach facilita la expresión de las distintas voces del sistema.** En cada equipo hay múltiples opiniones, personas que hablan más y otras que hablan menos, incluso algunas que nunca expresan su opinión. El coach sabe lo importante que es que todas las voces del sistema sean escuchadas. Les dará voz, de forma que el sistema decida qué hacer con toda la información disponible.

→ **El coach utilizará distintas herramientas y dinámicas de grupo para lograr los resultados deseados por el equipo.** Existen algunas herramientas útiles con las que el coach provoca cambios en el equipo. Para ello debe facilitar el darse cuenta, la reflexión y la capacidad de pasar a la acción mo.

La clave del coaching de equipos es conseguir que el equipo tenga más conciencia sobre su comportamiento, y basarse en esa información para tomar mejores decisiones.

En el libro *Coaching de equipos* (Profit Editorial) que escribí junto a Enric Arola, encontrarás todo tipo de técnicas, herramientas, dinámicas y conocimientos que son necesarios para el coaching de equipos.

Hemos intentado ser muy claros en nuestra exposi-ción de los conceptos y las situaciones, y lo hemos basado en nuestra propia experiencia y conocimiento. El objetivo último del manual es que sea una guía práctica para coaches, formadores, consultores y líderes que desean conocer mejor las realidades de sus equipos, y fomentar el desarrollo de los mismos.

21

El modelo GROW

«El modelo GROW es muy útil con clientes que saben lo que quieren conseguir y están dispuestos a dar los primeros pasos.»

Una vez vistas y definidas las habilidades y actitud principal del coach, vamos a definir tres herramientas muy útiles y sencillas, que le serán de ayuda al practicante del coaching para conocer y profundizar en el método. Estas tres herramientas son:

1. El modelo GROW (en este capítulo)
2. El plan de acción (en el capítulo 22).
3. El trabajo con ruedas (en el capítulo 23).

El modelo GROW

Una de las herramientas más sencillas y utilizadas (de manera consciente o inconsciente) por muchos coaches es el modelo GROW. Este nos habla de la metáfora del puente que comentamos en los primeros capítulos. Cuando hablábamos de la metáfora del puente, equiparábamos la sesión de coaching con la construcción de un puente, en la cual había que partir de una situación inicial, un punto de destino y la construcción de un camino concreto entre los dos puntos. El modelo GROW es muy similar.

El modelo nos habla de:

G	Goal	El objetivo que desea nuestro cliente
R	Reality	La realidad de la que parte
O	Options	Las opciones que tiene y los diferentes caminos para llegar al objetivo

W	Will	El deseo final que se desea realizar, el camino elegido después de la reflexión de la sesión y la evaluación de las distintas opciones

El coach que en una sesión decide seguir el modelo GROW sigue estos cuatro pasos con su cliente, haciendo distintos tipos de preguntas en cada uno de los estadios.

Goal (Objetivo)

¿Cuál es tu objetivo?

¿Qué te gustaría conseguir?

¿Qué características tiene ese objetivo?

En este estadio es útil todo lo visto en el capítulo "Definiendo los objetivos". Hay que invitar al cliente a soñar, a subir el volumen para así alcanzar la energía necesaria con la que pasar a la acción.

Reality (Realidad)

¿Cómo está la situación de momento?

¿Cuál es tu percepción de la situación actual?

¿Qué ocurre en la situación actual?

En esta etapa hacemos al coachee tocar tierra con su situación actual.

Options (Opciones)

¿Qué opciones tienes?

¿Qué puedes hacer para cambiar la situación actual?

Háblame de diferentes opciones, sin preocuparte ahora de si se pueden llevar a cabo o no?

¿Qué alternativas tienes para hacer esto de otra manera?

Will (Deseo)

¿Qué vas a hacer?
¿Cuándo lo harás?
¿Cuál es el siguiente paso?

En esta última fase hay que sacar conclusiones e impulsar al cliente hacia la acción.

22

El plan de acción

«La realización de las acciones del
plan de acción nos motiva y nos da
la energía necesaria para seguir
caminando.»

L os clientes buscan que un coach los ayude a conseguir algo y generalmente a ese algo se llega a través de aprendizajes, acciones y, en muchas ocasiones pasa por un plan de acción, una herramienta muy útil en el mundo del coaching.

> **Un plan de acción es una colección de acontecimientos ordenados en el tiempo que, llevados a cabo de forma programada y correcta, hacen conseguir un objetivo.**

Un plan de acción es un compendio de acciones necesarias para conseguir un objetivo. Muchos de los objetivos que tienen los coachees se pueden conseguir si se diseña y se lleva a cabo un plan de acción. Este será más fácil de diseñar cuando el objetivo sea un aspecto tangible, específico y con fechas marcadas en el tiempo que cuando el objetivo sea más intangible y difuso. De esta forma, diseñar junto con un cliente un plan de acción para "Correr una media maratón" o "Perder diez kilos de peso" será más sencillo que diseñar un plan de acción para "Tener más iniciativa" o "Mejorar la relación con mis hijos".

Conseguir un objetivo de cierta envergadura requiere que lo sepamos dividir en porciones, en tantas como nos resulte cómodo realizarlo. Cualquier objetivo debe ser posible "en cómodos plazos". Así es como se convierten en realidad los mayores proyectos, desde poner una nave espacial en la superficie de Marte hasta construir un edificio. Los clientes suelen proponernos objetivos suficientemente ambiciosos que necesitan esos "cómodos pasos".

Un objetivo más o menos ambicioso es para nuestra mente una meta lo suficientemente alta como para no se atreva con ella hasta que sepa de lo que somos capaces en cómodos pasos, sin esfuerzos sobrehumanos ni consumos excesivos de energía.

Si un cliente se propone, por ejemplo, "Correr una maratón el año que viene", conviene que planifiquemos las distintas tareas que hay que llevar a cabo. Ya que la tarea "Correr una maratón" es demasiado ambiciosa para querer abarcarla. Sin embargo, las tareas "Comprar calzado adecuado", "Salir a correr treinta minutos al día durante cinco días" o "Apuntarse a un club deportivo" son acciones abarcables y realizables dentro del plan. Por lo tanto, si queremos ayudar a nuestros clientes a conseguir objetivos, tenemos que estar muy capacitados ayudándolos a crear planes de acción.

Realizar un plan de acción es tan sencillo como desmenuzar un objetivo en cómodos plazos, pero hay que tener en cuenta algunas cosas:

- Dar un primer paso, sencillo y fácil. El propósito es la toma de contacto (como meter la punta del pie en el agua para comprobar su temperatura) y el análisis previo del objetivo.

- Partir nuestro objetivo en pequeños hitos realizables con fecha, de forma que su avance sea medible.

- Medir nuestro avance, y adoptar acciones de contingencia en caso de que no estemos siendo fieles al plan inicial.

Realizar un plan de acción y comprometerse tiene varias ventajas, la más importante de las cuales es que cada acción realizada nos hará sentirnos más capaces para realizar la siguiente. No cabe duda de que mejora nuestra eficacia durante la realización del plan de acción. Cuanto más capaces nos sentimos, más creemos en nosotros mismos y más posibilidades tendremos de que nuestro objetivo sea un éxito.

Existe una forma sencilla de realizar un plan de acción cuando las cosas no están siendo del todo fáciles. Requiere los siguientes pasos:

1. Hacer un *brainstorming* entre el coachee y el coach para abordar las ideas y acciones de que tendría que tener el plan.

2. Eliminar de la lista las que sean descabelladas o no se quieran realizar.

3. Ordenar las acciones por prioridad en el tiempo.

4. Pasar al papel todas las acciones y ponerles fecha concreta.

La creación del plan de acción es efectiva para aquellos clientes que ya han definido un objetivo ambicioso con la suficiente concreción para poder empezar a caminar hacia él.

Ejemplo de una parte del plan de acción para crear mi propia empresa

Número	Fecha	Acción
1	12-09-200X	Hablar con el asesor sobre el tipo de constitución legal más conveniente.
2	17-09-200X	Decidir el portfolio de productos y servicios.
3	25-09-200X	Haber realizado el plan de empresa.
4	31-09-200X	Contratar experto en marketing para decidir nombre, logotipo, web y otros detalles.
...	...	...

23

El trabajo con ruedas

«Trabajar con elementos gráficos es siempre de mucha ayuda, evita que racionalicemos demasiado o pensemos en las mismas soluciones de siempre.»

Las realidades de la mayor parte de los clientes del coaching no constan de un solo componente. Persiguen mejorar una situación en la que hay varios factores en juego y un deseo de mejorar.

Si el objetivo de un cliente es "ser más feliz", "mejorar la relación de pareja", "tener una mejor salud" o "mejorar la situación profesional", el trabajo con ruedas será útil.

La "rueda de la vida" es un elemento clásico en el ámbito del coaching que ayuda a los clientes a identificar qué situaciones de sus vidas les gustaría mejorar. La rueda de la vida suele estar formada por los siguiente elementos:

- **Salud**

- **Entorno físico**

- **Pareja / romance**

- **Trabajo**

- **Dinero**

- **Diversión**

- **Familia / amigos**

- **Crecimiento personal**

El trabajo con ruedas es una buena herramienta pensada para los clientes que quieren mejorar una situación compleja. Trabajar con elementos gráficos es siempre de mucha ayuda, evita que racionalicemos demasiado o pensemos en las mismas soluciones de siempre. Si tenemos en cuenta que nuestro aprendizaje es más fácil si lo hacemos mediante imágenes o representaciones gráficas de la realidad, el trabajo con ruedas ayuda en gran medida a darse cuenta de varias cosas:

- Ayuda a que la persona ponga sobre el papel los diferentes aspectos que forman parte de su día a día o de sus proyectos, haciendo que tome conciencia de ellos.

- La persona puntúa dónde está en cada una de las áreas que componen su rueca, lo que de alguna forma establece el punto de partida. Esto es vital.

- El trabajo de coaching con ruedas invita a que la persona y el coach diseñen el camino que los llevará a estar donde quieren estar.

- Ayuda a ver cómo se relacionan los distintos factores, y cómo la mejora de uno puede influir en la mejora de otro o actuar en detrimento de este.

Veamos un ejemplo de una rueda de la vida profesional definida por un cliente:

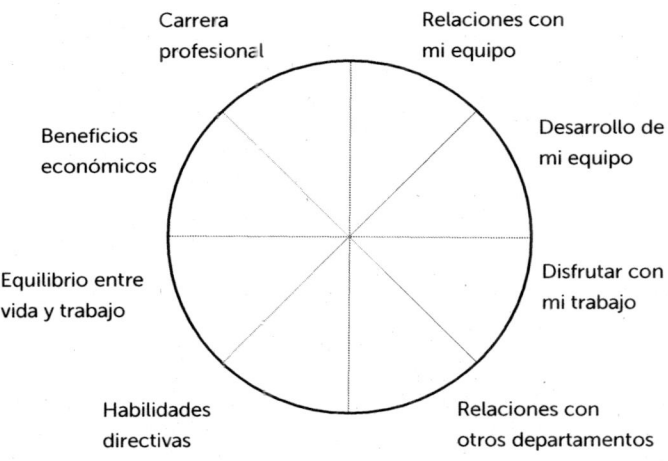

Rueda de la vida profesional definida por un cliente

La forma de llevar a cabo una sesión de coaching con ruedas es la siguiente:

1. Definir con el cliente los distintos aspectos que caracterizan al objetivo y nombrarlos en la rueda. Por ejemplo, ante el objetivo "mejorar la salud", un cliente puede decidir que los distintos factores que están en juego son: alimentación, ejercicio físico, relajación, cuidado físico... y otros.

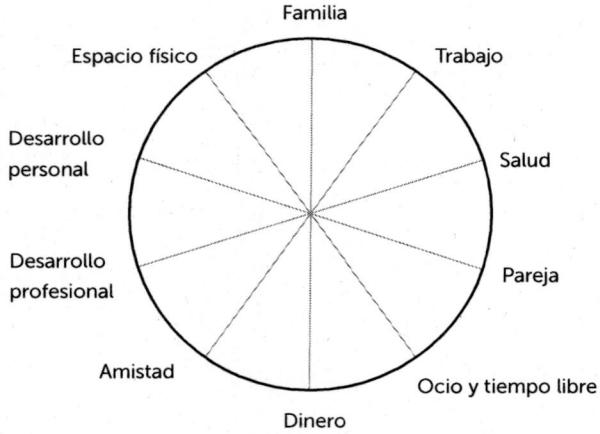

Rueda de la vida definida por un cliente

2. Pedir al cliente que puntúe su nivel de satisfacción actual en cada uno de los "quesitos" de la rueda, teniendo en cuenta que el centro de la rueda es el 0 y el perímetro es el 10.

3. Pedirle al cliente que saque conclusiones de lo que ve.

4. Pedirle al cliente que defina el objetivo y cuál o cuáles de los aspectos le gustaría mejorar y en qué medida (situación deseada).

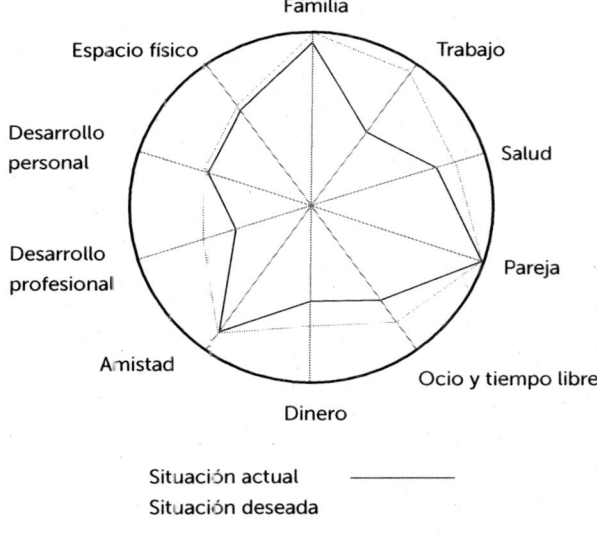

Situación actual ——————————
Situación deseada

Rueda de la vida con la valoración de la situación actual y la deseada

5. Definir un plan de acción con el coachee para llegar desde la situación actual a la situación deseada.

Otra de las aplicaciones útiles del trabajo con ruedas en empresa (cuando utilizamos el estilo líder-coach) se produce cuando estas nos ayudan a evaluar el desempeño. En una rueda podrían ir todas las competencias o habilidades profesionales del empleado, y sería él mismo quien se evaluaría en ellas y establecería el objetivo de mejora. Aprovechar la entrevista de evaluación del desempeño para hacer una pequeña sesión de coaching puede ser un gran paso para muchas empresas... ¡si tenemos en cuenta cómo suelen realizarse estas evaluaciones!

24

Buen camino

«Cuando seas capaz de olvidarlo
todo y actuar por pura intuición
habrás llegado al grado de
maestría.»

El coaching es una profesión con un gran futuro. Todavía queda mucho por hacer y poner en práctica para que la gente viva mejor. Las empresas son cada vez más conscientes de su voluntad de mejorar y destacar, y han decidido que los coaches de todo el mundo las acompañen en este proceso de mejora. Te has acercado a este manual con una gran curiosidad y has llegado a su última página transitando por un compendio completo de habilidades, aspectos que hay que tener en cuenta, actitudes y herramientas del coach. Si pones en práctica estos conocimientos, habrás desarrollado tu capacidad de forma significativa.

Al comenzar a realizar las primeras sesiones de coaching, los coaches más inexpertos quieren algo tangible a lo que agarrarse. Algunas herramientas prácticas como el modelo GROW te pueden ayudar. Es habitual que el desconocimiento del método y, sobre todo, de la óptima actitud del coach hagan que el coach menos experto necesite seguridad y la busque en una herramienta o preparando la sesión en exceso. Sin embargo, con el tiempo y la práctica descubrirás que no necesitas buscar la seguridad en ningún elemento externo: tú mismo eres la herramienta gracias a la que tus clientes consiguen objetivos. En algunos casos utilizarás una herramienta determinada, en otros te la inventarás y habrá momentos en que no sigas ningún tipo de guión y te dejarás llevar por tu intuición. Como dijo Bruce Lee: "Tenemos que aprender la técnica para luego olvidarnos de ella". Te invito a hacerlo. Aprende la técnica con todo detalle, conviértete en un experto del método y sé el mejor practicante. Y después, cuando seas capaz de olvidarlo todo y actuar por pura intuición, habrás alcanzado el grado de maestría. Te invito a ganártelo con esfuerzo y dedicación. Realmente valdrá la pena.

Si has realizado alguna etapa del famoso Camino de Santiago, sabrás que quienes lo realizan se dicen a sí mismos: "¡Buen camino!" para desearse la mejor suerte posible durante el resto del recorrido que los llevará hasta Santiago de Compostela. En este caso, soy yo quien te dice: "¡Buen camino!", y te felicita por haber llegado hasta aquí. Te deseo un feliz recorrido en los siguientes pasos que darás a lo largo de tus próximas etapas como coach o como líder-coach.

¡Buen camino!

CÉSAR PIQUERAS

Sobre el autor

César Piqueras es uno de los principales referentes en el desarrollo y la motivación de profesionales y directivos. Es uno de los autores mundiales más prolíficos sobre management con 25 libros publicados y a la venta, y con más de 20.000 horas de práctica trabajando con las mejores empresas en Europa y Latinoamérica.

Es conferenciante internacional y CEO de Excélitas Global, Máster MBA y Managerial Psychology por la London Metropolitan University Business School, Máster en Psicoterapia Gestalt, Máster y trainer en Programación Neuro-Lingüística e Ingeniero Técnico Industrial. Entre sus principales clientes se encuentran empresas e instituciones como Ford, Grupo Inditex, ESADE, Harley Davidson, Cambrigde University Press, Mango y otras más de 1500 organizaciones que habitualmente cuentan con sus servicios como formador o conferenciante.